국어가 잡히는 초등 어휘 ❷

날마다 사자소학

임성훈 글 | 뜬금 그림

머핀북

작가의 말

　《사자소학》은 선조들이 서당에서 글공부를 시작할 때 처음 배우던 책이에요. 송나라 주자(朱子)의 제자 유자징이 엮은 유교 입문서 《소학》이 그 뿌리이며, 《소학》의 내용을 아이들이 읽기 쉽게 네 글자로 가려 뽑아 만든 책이 바로 《사자소학》이랍니다. 그런데 《사자소학》이라고 하면, 유교 사상이 담긴 고리타분한 책으로 여기는 분들이 많지요. 하지만 《사자소학》에는 시대를 뛰어넘어, 오늘날의 아이들에게도 도움이 되는 내용이 많습니다.
　《사자소학》이 아이들에게 왜 중요한지 자세히 살펴볼까요?
　첫째, 바른 인성을 기를 수 있어요. 어진 성품은 잔소리를 한다고 저절로 생기지 않지요. 예를 들어, 말로만 효도하라고 할 것이 아니라 '위인자자 갈불위효(爲人子者 曷不爲孝)'를 함께 읽고, 늙은 어미에게 먹이를 물어다 주는 까마귀의 효성에 대해 이야기해 보세요. 부모를 비롯해 주변 사람들에게 갖추어야 할 바른 마음가짐, 더불어 살아가는 지혜를 자연스레 깨닫게 될 거예요.
　둘째, 예절과 생활 규범을 익힐 수 있어요. '아경인친 인경아친(我敬人親 人敬我親, 내가 다른 사람의 부모님을 공경하면 다른 사람이 내 부모님을 공경한다.)'처럼 《사자소학》에는 아이들에게 꼭 필요한 예의범절을 알려 주는 구절이 가득합니다. 어렴풋하게 알던 내용이라도 다시금 읽고 따라 쓰다 보면, 아이들의 마음속에 더 깊이 새겨질 거예요.
　셋째, 중요한 한자 어휘를 배울 수 있어요. 우리말에는 한자어가 상당히

많이 포함되어 있습니다. 따라서 한자를 아는 아이와 그렇지 않은 아이는 어휘력에서 많은 차이가 날 수밖에 없지요. 어휘력이 사고력의 수준을 결정짓는 만큼, '한자'라는 강력한 무기를 가진 아이는 논리력과 표현력이 빠르게 성장할 것입니다. 《사자소학》에는 쉬우면서도 중요한 한자 어휘가 가득하니, 틈틈이 읽다 보면 한자 실력도 꽉 잡을 수 있을 거예요.

  이 책은 《사자소학》 중에서도 아이들에게 꼭 필요한 덕목을 여섯 개의 주제별로 뽑아 구성했어요. 처음부터 끝까지 다 읽어야 한다는 부담은 내려놓고, 관심이 가는 내용부터 만화로 즐긴 뒤 비슷한 옛이야기·인물 일화·속담·명언 등을 읽어 보세요. 그리고 한자를 포함해 꼭 한 번은 따라 쓰도록 해요. '일사당십독(一寫當十讀, 글을 한 번 베껴 쓰는 것은 열 번 읽는 것과 같다.)'이라는 말처럼, 손으로 쓰면 눈으로 읽기만 할 때보다 열 배 더 깊이 내용이 와닿을 거예요. 마지막으로 단순히 읽고 쓰는 것에서 그치지 말고, 《사자소학》의 가르침을 일상에서 날마다, 꼭 실천해 보기 바랍니다.

2023년 4월 임성훈

차례

1장 부모님의 은혜와 효도 | 부모(父母) 편   6

부생아신 모국오신(父生我身 母鞠吾身) | 은고여천 덕후사지(恩高如天 德厚似地)
위인자자 갈불위효(爲人子者 曷不爲孝) | 부모호아 유이추진(父母呼我 唯而趨進)
부모유질 우이모추(父母有疾 憂而謀瘳) | 출필고지 반필면지(出必告之 反必面之)
부모애지 희이물망(父母愛之 喜而勿忘) | 부모책지 반성물원(父母責之 反省勿怨)
물등고수 부모우지(勿登高樹 父母憂之) | 아신능현 예급부모(我身能賢 譽及父母)
숨은 사자소학 찾기 ① 병원

2장 형제자매의 우애 | 형제(兄弟) 편   30

형체수이 소수일혈(形體雖異 素受一血) | 형우제공 불감원노(兄友弟恭 不敢怨怒)
분무구다 유무상통(分毋求多 有無相通) | 아유환락 형제역락(我有歡樂 兄弟亦樂)
형제이이 행즉안행(兄弟怡怡 行則雁行) | 일립지식 필분이식(一粒之食 必分而食)
제수유과 수물성책(弟雖有過 須勿聲責) | 형제유선 필예우외(兄弟有善 必譽于外)
형제유난 민이사구(兄弟有難 悶而思救) | 형제화목 부모희지(兄弟和睦 父母喜之)
숨은 사자소학 찾기 ② 공원

3장 스승과 어른에 대한 예의 | 사제(師弟)·경장(敬長) 편   54

사사여친 필공필경(事師如親 必恭必敬) | 선생시교 제자시칙(先生施教 弟子是則)
숙흥야매 물나독서(夙興夜寐 勿懶讀書) | 근면공부 부모열지(勤勉工夫 父母悅之)
능지능행 총시사공(能知能行 總是師功) | 연장이배 부이사지(年長以倍 父以事之)
장자자유 유자경장(長者慈幼 幼者敬長) | 장자지전 진퇴필공(長者之前 進退必恭)
아경인친 인경아친(我敬人親 人敬我親) | 빈객래방 접대필성(賓客來訪 接待必誠)
숨은 사자소학 찾기 ③ 학교

4장 친구 간의 우정과 믿음 | 붕우(朋友) 편   78

이문회우 이우보인(以文會友 以友輔仁) | 우기정인 아역자정(友其正人 我亦自正)
거필택린 취필유덕(居必擇隣 就必有德) | 택이교지 유소보익(擇而交之 有所補益)
붕우유과 충고선도(朋友有過 忠告善導) | 면책아과 강직지인(面責我過 剛直之人)
언이불신 비직이우(言而不信 非直之友) | 견선종지 지과필개(見善從之 知過必改)
염인책자 기행무진(厭人責者 其行無進) | 인무책우 이함불의(人無責友 易陷不義)
숨은 사자소학 찾기 ④ 학교 강당

5장 올바른 마음과 행동 ❶ | 수신(修身)·제가(齊家) 편   102

행필정직 언즉신실(行必正直 言則信實) | 용모단정 의관정제(容貌端正 衣冠整齊)
거처필공 보리안상(居處必恭 步履安詳) | 작사모시 출언고행(作事謀始 出言顧行)
상덕고지 연낙중응(常德固持 然諾重應) | 음식신절 언어공손(飮食愼節 言語恭遜)
시습문자 자획해정(始習文字 字劃楷正) | 서책낭자 매필정돈(書冊狼藉 每必整頓)
덕업상권 과실상규(德業相勸 過失相規) | 예속상교 환난상휼(禮俗相交 患難相恤)
숨은 사자소학 찾기 ⑤ 졸업식

6장 올바른 마음과 행동 ❷ | 수신(修身)·제가(齊家) 편   126

수신제가 치국지본(修身齊家 治國之本) | 독서근검 기가지본(讀書勤儉 起家之本)
충신자상 온량공검(忠信慈祥 溫良恭儉) | 인지덕행 겸양위상(人之德行 謙讓爲上)
막담타단 미시기장(莫談他短 靡恃己長) | 기소불욕 물시어인(己所不欲 勿施於人)
적선지가 필유여경(積善之家 必有餘慶) | 불선지가 필유여앙(不善之家 必有餘殃)
손인리기 종시자해(損人利己 終是自害) | 화복무문 유인소소(禍福無門 惟人所召)
숨은 사자소학 찾기 ⑥ 서점

사자소학 퀴즈   150
사자소학 토론   152
숨은 사자소학 찾기 정답   154

1장

부모님의 은혜와 효도

부모(父母) 편

부생아신 모국오신
父生我身 母鞠吾身

아버지는 내 몸을 낳으시고 어머니는 내 몸을 기르신다.

아버지 부   날 생   나 아   몸 신

어머니 모   기를 국   나 오   몸 신

父	生	我	身	母	鞠	吾	身

아	버	지	는		내		몸	을		낳	으	시	고
어	머	니	는		내		몸	을		기	르	신	다	.

실제로는 어머니가 나를 낳으셨지만, 아버지의 기운을 받아 태어났다는 뜻이 담겨 있어요. 부모님은 내 몸을 낳아 주셨을 뿐 아니라 큰 사랑으로 길러 주세요. 갓난아이 때는 모유나 분유를, 젖을 뗀 뒤에는 이유식을, 더 크고 나서는 하루 세 끼 밥을 정성껏 만들어 주시지요. 나를 건강하고 튼튼하게 키워 주시는 부모님의 은혜에 감사하는 마음을 가져요.

깃 없는 어린 새 그 몸을 보전하지 못한다

아직 깃털이 나지 않은 어린 새는 절대 혼자 날 수 없어요. 마찬가지로 어린아이도 부모의 보살핌 없이는 살아갈 수 없다는 뜻이에요.

은고여천 덕후사지
恩高如天 德厚似地

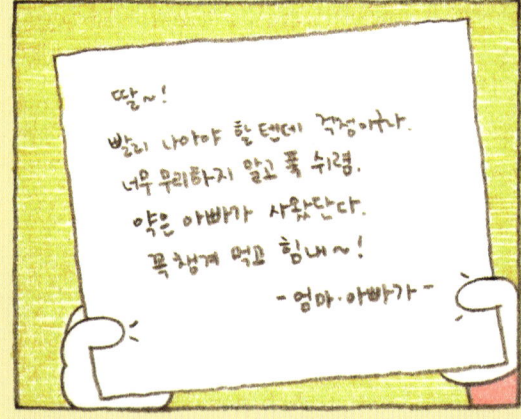

부모님의 은혜는 하늘처럼 높고 덕은 땅만큼 두텁다.

恩	高	如	天	德	厚	似	地
은혜 **은**	높을 **고**	같을 **여**	하늘 **천**	클 **덕**	두터울 **후**	같을 **사**	땅 **지**

恩 高 如 天   德 厚 似 地

부모님의 은혜는 하늘처럼 높고 덕은 땅만큼 두텁다.

부모님은 내가 어른이 될 때까지 온 마음을 다해 보살펴 주세요. 배가 고프다고 하면 맛있는 음식을 주시고, 조금이라도 아프면 마음 아파하면서 간호해 주세요. 또한 잘못된 길로 가지 않도록 바르게 이끌어 주시지요. 세상에 쓸모 있는 사람이 될 수 있도록 하나하나 가르치고, 학교에 보내 너른 세상을 경험하고 배울 수 있게 해 주세요. 이처럼 부모님의 사랑은 하늘만큼 높고 땅만큼 깊어요.

고슴도치도 제 새끼는 함함하다

'함함하다'는 털이 보드랍고 반지르르하다는 뜻이에요. 뾰족한 가시가 있는 고슴도치도 자기 새끼는 예뻐 보인다는 의미지요. 자식을 향한 부모님의 사랑이 얼마나 큰지 잘 보여 주는 속담이랍니다.

위인자자 갈불위효
爲人子者 曷不爲孝

 사람의 자식이 되어 어찌 효도를 하지 않겠는가?

爲	人	子	者	曷	不	爲	孝
될 위	사람 인	자식 자	사람 자	어찌 갈	아닐 불	할 위	효도 효

| 사 | 람 | 의 | | 자 | 식 | 이 | | 되 | 어 | | 어 | 찌 | | 효 |
| 도 | 를 | | 하 | 지 | | 않 | 겠 | 는 | 가 | ? | | | | |

 갓 태어난 까마귀 새끼는 당연히 날지 못해요. 그래서 어미가 60일 동안 먹이를 물어다 먹이면서 지극정성으로 키워요. 그러다 어미 까마귀가 늙어서 더 이상 먹이를 구하지 못하면 거꾸로 자식이 어미에게 먹이를 물어다 주지요. 이렇게 까마귀도 부모의 은혜를 잊지 않고 갚는데, 사람으로서 부모님에게 효도하는 것은 당연한 일이겠지요?

반포지효 (反: 돌이킬 반, 哺: 먹일 포, 之: 어조사 지, 孝: 효도 효)

'늙은 어미에게 먹이를 주는 까마귀의 효성'이라는 뜻이에요. 앞서 설명한 것처럼 까마귀는 예로부터 효성이 깊은 짐승으로 알려졌어요. 《허생전》을 지은 조선의 실학자 연암 박지원은 밥을 먹다가 까마귀들을 보자, "너희도 반포하러 왔느냐?" 하면서 고기를 던져 주었다고 해요.

부모호아 유이추진
父母呼我 唯而趨進

 부모님이 부르시면 곧바로 대답하고 달려가라.

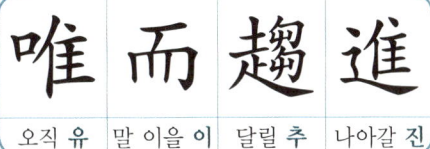

父 母 呼 我 唯 而 趨 進
아버지 **부** 어머니 **모** 부를 **호** 나 **아** 오직 **유** 말 이을 **이** 달릴 **추** 나아갈 **진**

| 부 | 모 | 님 | 이 | | 부 | 르 | 시 | 면 | | 곧 | 바 | 로 | | 대 |
| 답 | 하 | 고 | | 달 | 려 | 가 | 라 | . | | | | | | |

 부모님이 나를 찾고 부르실 때에는 다 이유가 있어요. 부모님이 언제 나를 부르는지 생각해 볼까요? 끼니때가 되어 밥을 먹어야 할 때, 밖에서 놀다가 집에 돌아가야 할 때, 잠을 자야 할 시간에 게임을 계속 하고 있을 때 등이에요. 이처럼 부모님은 상황과 장소에 맞는 행동이나 몸가짐을 알려 주려고 나를 부르는 것이지요. 그러므로 부모님뿐 아니라, 선생님이나 다른 어른들이 부르실 때도 바로 대답하는 것이 예의바른 행동이랍니다.

한 귀로 듣고 한 귀로 흘린다
남의 말을 주의 깊게 듣지 않고 시큰둥하게 행동하는 것을 뜻해요.
부모님이 나를 위해 해 주시는 말씀을 잔소리로 여기지 말고,
귀담아듣는 태도를 가지도록 해요.

부모유질 우이모추
父母有疾 憂而謀瘳

 부모님에게 병이 있으면 걱정하며 나으시도록 해야 한다.

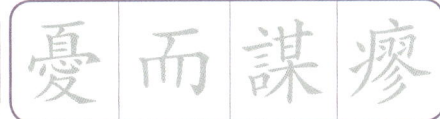

父	母	有	疾	憂	而	謀	瘳
아버지 부	어머니 모	있을 유	병 질	근심할 우	말 이을 이	꾀할 모	나을 추

 부모님은 내가 아프고 열이 나면, 젖은 수건으로 몸을 닦아 주고 약을 먹이는 등 나를 간호하느라 뜬눈으로 밤을 지새워요. 이렇게 부모님의 지극한 보살핌 덕분에 빨리 나을 수 있는 거지요. 반대로 부모님이 아프시면 우리는 어떻게 해야 할까요? 간단한 집안일을 돕거나, 부모님이 얼른 낫길 바라는 마음을 표현하기만 해도 무척 고마워하실 거예요.

효자와 잉어 설화

옛날에 한 효자가 살았는데, 아픈 어머니가 겨울에 구하기 힘든 잉어가 먹고 싶다고 했어요. 효자는 강의 얼음을 깨고 잉어를 찾았지만 헛수고만 했지요. 효자가 얼음 위에 주저앉아 엉엉 울던 그때, 물속에서 잉어가 튀어나와 어머니를 공양할 수 있었대요. 이 이야기는 효성이 지극하면 하늘도 감동하여 불가능한 일을 가능하게 만들어 준다는 교훈이 담겨 있어요.

출필고지 반필면지
出必告之 反必面之

 나갈 때는 반드시 알리고 돌아오면 반드시 뵈어라.

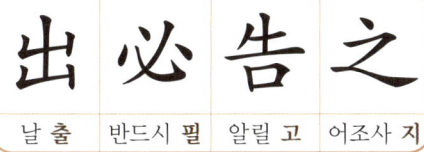

날 **출** / 반드시 **필** / 알릴 **고** / 어조사 **지** / 돌이킬 **반** / 반드시 **필** / 얼굴 **면** / 어조사 **지**

 부모님은 내가 보이지 않으면 어디에 있는지 알고 싶어 해요. 내가 혹시 다치지 않을까, 위험한 곳에 가는 건 아닐까 걱정되기 때문이에요. 그래서 밖에 나갈 때는 어디에, 누구를 만나러 가는지 부모님께 꼭 알려야 해요. 그리고 돌아오면 잘 다녀왔다고 얼굴을 보여 드려야 안심하신답니다.

아무 말도 없이 나가 버리거나, 돌아와서도 말 한마디 없이 방으로 휙 들어가 버리면 부모님이 속상해하실 뿐 아니라 예의에 어긋나는 행동이에요.

묵묵부답 (默: 침묵할 묵, 不: 아닐 부, 答: 대답할 답)

입을 꼭 다문 채 아무 말도 하지 않는다는 뜻이에요. 때로는 상대방의 물음에 어떤 대답도 하지 않음으로써 자신의 생각을 나타내기도 해요. 하지만 부모님이나 어른에게는 하지 말아야 할 행동이랍니다.

부모애지 희이물망
父母愛之 喜而勿忘

 부모님이 사랑해 주시면 기뻐하며 잊지 말라.

父	母	愛	之	喜	而	勿	忘
아버지 **부**	어머니 **모**	사랑 **애**	어조사 **지**	기쁠 **희**	말 이을 **이**	말 **물**	잊을 **망**

 부모님이 나를 정성껏 키워 주시는 것을 당연하게 생각하나요? 그렇다면 부모님께 감사한 마음이 들지 않고 크게 기쁘지도 않을 거예요. 하지만 세상에 당연한 것은 없어요. 따뜻한 부모님이 늘 옆에 있으면서 진심으로 사랑해 주신다면 그것처럼 기쁘고 감사한 일도 없답니다.

이러한 사랑에 보답하는 마음으로 부모님의 말씀을 잘 듣고 존경한다면, 웃음이 끊이지 않는 화목한 가정이 될 거예요.

쥐면 꺼질까 불면 날까

부모가 어린 자식을 매우 사랑하면서 정성껏 기르는 모습을 이르는 말이에요. 비슷한 표현으로 '애지중지하다'가 있어요. 비싸거나 귀한 물건을 소중히 다룰 때도 이 말을 쓰지요.

부모책지 반성물원
父母責之 反省勿怨

 **이런 뜻이에요**

부모님이 꾸짖으시면 반성하고 원망하지 말라.

 **따라 써요**

父	母	責	之	反	省	勿	怨
아버지 부	어머니 모	꾸짖을 책	어조사 지	돌이킬 반	살필 성	말 물	원망할 원

父 母 責 之   反 省 勿 怨

부모님이 꾸짖으시면 반성하고
원망하지 말라.

 **함께 생각해요**

부모님은 언제나 자식이 바른 사람이 되기를 바라지요. 그래서 잘못한 일은 엄하게 꾸짖어 다시는 그런 행동을 하지 않도록 가르쳐요. 물론 부모님이 상황을 오해했거나 잘못 알고 실수하시는 경우도 있어요. 하지만 그렇더라도 내 말에 잘못은 없었는지, 오해받을 만한 행동은 아니었는지 먼저 생각해 보면 좋겠어요. 그래도 억울하거나 기분 나쁜 점이 있다면 그때 부모님과 진솔하게 이야기해 보세요.

 **비슷한 속담**

어른 말을 들으면 자다가도 떡이 생긴다

어른이 조언해 주는 대로 하면 실수가 적고 여러 가지 좋은 점이 많다는 뜻이에요. 때로는 부모님의 이야기가 잔소리처럼 느껴지더라도 자식이 잘되길 바라는 부모님의 사랑이 담겨 있다는 사실, 잊지 마세요.

물등고수 부모우지
勿登高樹 父母憂之

부모님이 걱정하니 높은 나무에 올라가지 말라.

勿	登	高	樹	父	母	憂	之
말 물	오를 등	높을 고	나무 수	아버지 부	어머니 모	근심할 우	어조사 지

지금은 친구들과 컴퓨터 게임을 하거나 각종 영상을 보며 놀지만, 예전에는 들로 산으로 뛰어다니며 놀았어요. 나무 열매를 따거나 새집에서 알을 꺼내려고 종종 높은 나무에 올라가기도 했지요. 그 모습을 본 부모는 자식이 잘못해서 떨어지기라도 할까 봐 걱정을 많이 했어요. 새로운 일에 도전하거나 즐겁게 노는 것은 좋지만, 그것이 부모님이 걱정하실 만한 행동이라면 하지 않도록 해요. 무엇보다 안전이 가장 중요하니까요.

자식 둔 부모는 알 둔 새 같다

부모는 언제나 자식을 걱정한다는 뜻이에요. 부모의 이러한 마음은 바로 자식에 대한 깊은 사랑에서 비롯되는 거예요. 그러니 부모님의 근심을 조금이라도 덜어 드리려면, 몸가짐을 바르게 하고 위험한 행동은 하지 않는 게 좋겠지요?

아신능현 예급부모
我 身 能 賢 譽 及 父 母

내 몸이 어질면 그 명예가 부모에게 미친다.

我	身	能	賢	譽	及	父	母
나 아	몸 신	능할 능	어질 현	명예 예	미칠 급	아버지 부	어머니 모

我 身 能 賢　譽 及 父 母

내		몸이		어질면		그		명예가
부모에게		미친다.						

'어질다'는 것은 '마음이 착하고 너그럽다.'는 뜻이에요. 내가 어진 사람이 되면 사람들이 나를 칭찬할 뿐만 아니라, 나의 부모님도 훌륭하게 여긴다는 말이지요. 그런데 어진 사람이 되는 게 엄청 대단하고 어려운 일은 아니에요. 친구들과 사이좋게 지내고, 학교 숙제를 꼬박꼬박 성실하게 하고, 어른에게 공손히 대하는 것도 부모님의 이름을 높이는 훌륭한 행동이랍니다.

신사임당과 율곡 이이

신사임당은 훌륭한 작품을 많이 남긴 조선의 천재 예술가예요. 위대한 학자인 율곡 이이의 어머니이기도 하지요. 율곡의 명성이 올라갈수록 아들을 훌륭하게 키운 신사임당도 함께 칭송받았어요.

숨은 사자소학 찾기
① 병원

앞에서 읽은 사자소학 구절과 뜻을 떠올려 보세요. 그런 다음 병원을 방문한 사람들의 모습을 가만히 살펴보아요. 그림 속에 숨은 사자소학이 금방 보일 거예요!

1. 부생아신 모국오신(父生我身 母鞠吾身)

2. 은고여천 덕후사지(恩高如天 德厚似地)

3. 위인자자 갈불위효(爲人子者 曷不爲孝)

4. 부모호아 유이추진(父母呼我 唯而趨進)

5. 부모유질 우이모추(父母有疾 憂而謀瘳)

6. 출필고지 반필면지(出必告之 反必面之)

7. 부모애지 희이물망(父母愛之 喜而勿忘)

8. 부모책지 반성물원(父母責之 反省勿怨)

9. 물등고수 부모우지(勿登高樹 父母憂之)

10. 아신능현 예급부모(我身能賢 譽及父母)

➡ 정답은 154쪽에 있어요.

2장

형제자매의 우애

형제(兄弟) 편

형체수이 소수일혈
形體雖異 素受一血

생김새는 비록 다르지만 본래 한 핏줄을 받았다.

形	體	雖	異	素	受	一	血
형체 형	몸 체	비록 수	다를 이	본디 소	받을 수	한 일	피 혈

形體雖異 素受一血

생김새는 비록 다르지만 본래
한 핏줄을 받았다.

커다란 나무를 떠올려 보세요. 뿌리와 줄기를 거쳐 나뭇가지 끝에 자라난 나뭇잎은 비슷하게 생겼어요. 물론 저마다 모양과 색이 조금씩 다르지만, 그 근본을 보면 모두 하나의 뿌리에서 뻗어 나왔지요. 이와 마찬가지로 형제자매도 서로 다른 얼굴과 성격을 갖고 있지만, 부모님이라는 하나의 뿌리에서 피를 나누어 받은 존재랍니다.

피는 물보다 진하다

같은 핏줄에서 태어난 형제자매는 그 어떤 관계보다도 정이 깊고 긴밀하게 연결되어 있다는 뜻이에요. 피를 나눈 가족인 만큼 서로를 소중히 여기고 아껴야겠지요?

형우제공 불감원노
兄友弟恭 不敢怨怒

 **이런 뜻이에요**

형은 동생을 우애하고 동생은 형에게 공손히 하며, 감히 원망하거나 화내지 말라.

 **따라 써요**

兄	友	弟	恭	不	敢	怨	怒
형 형	벗 우	아우 제	공손할 공	아닐 불	감히 감	원망할 원	화낼 노

 **함께 생각해요**

형제자매는 한 부모에게서 태어난 수평적인 관계예요. 하지만 예전에는 나이와 서열을 중시해서 형은 동생을 아끼고 보살펴야 하고, 동생은 형을 부모처럼 따르고 공경해야 했지요. 그런데 이러한 태도는 지금도 매우 중요해요. 형과 동생이 서로 사랑하며 우애 있게 지낸다면 원망하고 화내는 일이 저절로 줄어들 테니까요.

 **비슷한 속담**

동생의 말도 들어야 형의 말도 듣는다

나이 어린 사람의 말을 함부로 무시해서는 안 된다는 뜻이에요. 형제지간에 서로를 존중해야 한다는 의미가 담겨 있어요.

분무구다 유무상통
分母求多 有無相通

 **이런 뜻이에요**

나눌 때 많이 가지려 하지 말고, 있든 없든 서로 소통하라.

 **따라 써요**

分	母	求	多	有	無	相	通
나눌 분	말 무	구할 구	많을 다	있을 유	없을 무	서로 상	통할 통

| 分 | 母 | 求 | 多 | 有 | 無 | 相 | 通 |

나	눌		때		많	이		가	지	려		하	지
말	고	.			있	든		없	든		서	로		소	통
하	라	.

 **함께 생각해요**

맛있는 간식을 더 많이 먹으려고 욕심내다가 형제와 다툰 적이 있을 거예요. 하지만 형제는 서로 가진 것을 나눌 수 있어야 해요. 크든 작든 공평하게 나누고 함께 누리면서 서로를 위하는 것이 바로 우애랍니다. 그러니 조금이라도 더 많이 가지려 하지 말고 먼저 양보해 보세요. 나의 따뜻한 마음이 분명 전해질 거예요. 그래서 나중에 반대 상황이 되었을 때 형제도 나에게 나누어 주려고 할 거예요.

 **비슷한 외국 속담**

양보 속에 힘이 있다. In yielding is strength.

양보는 힘이 약한 사람이 하는 게 아니에요. 상대를 배려할 줄 아는, 마음의 힘이 더 세고 넉넉한 사람만이 할 수 있다는 뜻이에요.

아유환락 형제역락
我有歡樂 兄弟亦樂

나에게 기쁨과 즐거움이 있으면 형제들도 즐거워한다.

我	有	歡	樂	兄	弟	亦	樂
나 아	있을 유	기뻐할 환	즐거울 락	형 형	아우 제	도 역	즐거울 락

我 有 歡 樂 兄 弟 亦 樂

나에게 기쁨과 즐거움이 있으면 형제들도 즐거워한다.

우애가 깊은 형제는 서로 시샘하지 않아요. 무슨 일이든 잘되기를 응원하고, 좋은 일이 생기면 내 일처럼 기뻐하고 축하해 주지요. 반대로 사이가 나쁜 형제는 틈만 나면 서로를 깎아내리고, 좋은 일이 생기면 질투부터 해요. 형제는 가족이면서 동시에 평생을 함께하는 친구예요. 그러니 서로를 아끼고 늘 편이 되어 주는 사이가 되면 좋겠지요?

형제투금 (兄: 형 형, 弟: 아우 제, 投: 던질 투, 金: 쇠 금)

형제가 금덩이를 던졌다는 뜻으로, 형제간의 우애를 뜻하는 말로 쓰여요. 형과 아우가 함께 길을 걷다가 금덩이를 주웠는데, 이 때문에 서로를 미워하는 마음이 생기자 우애를 되찾기 위해 금을 버렸다는 설화에서 유래했어요.

형제이이 행즉안행
兄弟怡怡 行則雁行

형제는 서로 화합하여 길을 갈 때는 기러기 떼처럼 나란히 가라.

兄	弟	怡	怡	行	則	雁	行
형 형	아우 제	기쁠 이	기쁠 이	다닐 행	곧 즉	기러기 안	다닐 행

기러기는 계절에 따라 이리저리 옮겨 다니며 사는 철새예요. 날씨가 추워지면 남쪽으로, 따뜻해지면 북쪽으로 무리 지어 이동한답니다. 이렇게 먼 길을 날아갈 때 기러기들은 우두머리를 중심으로 질서 있게 날아가요. 그래야 모두가 길을 잃지 않고 안전하게 이동할 수 있거든요. 이처럼 형제도 길을 함께 걸을 때 서로를 이끌고 챙기면서 질서 있게 간다면 다치거나 길을 잃는 일은 없을 거예요.

형제는 손발과 같고, 부부는 의복과 같다. 의복이 해지면 다시 새것을 얻으면 되지만, 손발이 끊어지면 잇기 어렵다.

- 장자 (고대 중국의 사상가)

일립지식 필분이식
一 粒 之 食 必 分 而 食

 형제는 낟알 하나라도 반드시 나누어 먹어라.

| 형 | 제 | 는 | | 낟 | 알 | | 하 | 나 | 라 | 도 | | 반 | 드 | 시 |
| 나 | 누 | 어 | | 먹 | 어 | 라 | . | | | | | | | |

 형제를 아끼고 위하는 방법이 따로 있는 건 아니에요. 학용품 빌려주기, 함께 놀아 주기, 작은 것 하나라도 사이좋게 나누기처럼 일상 속에서 누구나 쉽게 할 수 있답니다. 예를 들어 맛있는 간식을 더 먹으려고 욕심 부리지 않고 사이좋게 나눠 먹으면 마음도 뿌듯하고 훨씬 맛있게 느껴질 거예요. 즐거움은 함께 나누면 두 배가 되거든요. 또한 형제가 우애 좋게 지내면 부모님도 크게 기뻐해요. 이렇게 형제를 내 몸처럼 아끼는 것도 효도랍니다.

 ## 콩 한 쪽도 나눠 먹는다

아무리 작은 것이라도 함께 나누려는 마음을 은유적을 표현한 말이에요. 나누려는 물건이 비싼지, 양이 많은지는 중요하지 않아요. 다른 사람과 함께하려는 태도와 마음이 중요한 것이랍니다.

제수유과 수물성책
弟雖有過 須勿聲責

 아우가 비록 잘못이 있더라도 소리 내어 꾸짖지 말라.

弟	雖	有	過	須	勿	聲	責
아우 제	비록 수	있을 유	허물 과	모름지기 수	말 물	소리 성	꾸짖을 책

 동생이 아직 어리다면 많은 부분이 서툴 거예요. 아는 것이 많지 않고 경험이 적어서 실수할 수도 있고요. 그렇다고 무턱대고 큰 소리로 나무라면 동생이 무척 속상할 거예요. 안 그래도 잘못해서 잔뜩 주눅 들어 있는데, 꾸중을 들으면 어쩔 줄 몰라 울음을 터뜨리거나 부모님에게 뛰어가 나를 원망하는 말을 할 수도 있어요. 동생이 잘못을 하더라도 매섭게 나무라지 말고, 따뜻한 말로 토닥이며 타이르는 건 어떨까요? 서로의 부족한 점을 감싸 주고 응원해 주는 형제가 되어 보아요.

 **친절한 말은 짧고 하기 쉽지만, 그 울림은 끝이 없다.**

– 마더 테레사 수녀

형제유선 필예우외
兄弟有善 必譽于外

 **이런 뜻이에요**

형제가 잘한 것이 있으면 반드시 드러내어 칭찬하라.

 **따라 써요**

兄	弟	有	善	必	譽	于	外
형 형	아우 제	있을 유	착할 선	반드시 필	기릴 예	어조사 우	바깥 외

兄 弟 有 善　必 譽 于 外

형제가　잘한　것이　있으면　반
드시　드러내어　칭찬하라.

 **함께 생각해요**

형제는 서로 다른 사람이지만, 한 몸이나 다름없어요. 형제가 어떤 일을 잘해서 칭찬을 받으면 마치 내 일인 것처럼 뿌듯하고 자랑스러우니까요. 즉, 형제가 잘한 것을 널리 알리고 크게 칭찬하는 것은 결국 내 기분이 좋아지는 일이에요. 짐승은 생존하기 위해 자신보다 약한 형제를 밟고 올라서기도 하지만, 사람은 그렇게 해서는 안 되겠지요? 아주 작은 일이라도 듬뿍 칭찬해서 형제의 사기를 북돋워 주기로 해요. 칭찬은 고래도 춤추게 하는 법이니까요.

 **칭찬과 관련된 속담**

바보도 칭찬을 하면 천재로 만들 수 있다. - 영국 속담
웃음과 칭찬은 아낄수록 손해다. - 프랑스 속담
큰 소리로 칭찬하고 작은 소리로 비난하라. - 러시아 속담

형제유난 민이사구
兄 弟 有 難 悶 而 思 救

형제에게 곤란한 일이 있으면 근심하고 구해 주어라.

兄	弟	有	難	悶	而	思	救
형 형	아우 제	있을 유	어려울 난	답답할 민	말 이을 이	생각 사	구원할 구

兄 弟 有 難　悶 而 思 救

형제에게 곤란한 일이 있으면
근심하고 구해 주어라.

'곤란하다'는 말은 사정이 딱하고 어려운 상황에 놓여 있다는 뜻이에요. 형제에게 곤란한 일이 생기면 모르는 척하지 말고 적극적으로 도와주어야 해요. 어려운 숙제를 도와달라는 동생을 팽개치고 친구 집에 놀러 간다거나 내할 일만 하면 어떨까요? 동생도 서운하겠지만, 부모님도 속상해하실 거예요. 형제는 단순히 어릴 때 한 부모 밑에서 같이 지내는 사이가 아니라, 평생 서로를 도와주고 응원하는 든든한 존재랍니다.

언제 어디서나 누구에게 도움을 줄 수 있을까 생각하면서 주위를 둘러봐야 합니다. 당신은 이 세상에 혼자 사는 것이 아닙니다. 당신의 형제들도 함께 살아가고 있습니다.

– 알베르트 슈바이처 (독일계 프랑스 의사)

형제화목 부모희지
兄弟和睦 父母喜之

 형제가 화목하면 부모님이 기뻐하신다.

兄	弟	和	睦	父	母	喜	之
형 형	아우 제	화할 화	화목할 목	아버지 부	어머니 모	기쁠 희	어조사 지

兄 弟 和 睦　父 母 喜 之

형제가 화목하면 부모님이 기뻐하신다.

 '화목'은 서로 뜻이 잘 맞아 사이좋게 지내는 것을 의미해요. 부모님이 가장 마음 아플 때는 언제일까요? 자식이 다쳤을 때, 자식과 멀리 떨어져 살게 되었을 때 등 여러 가지 상황이 있을 거예요. 뿐만 아니라, 형제가 만날 때마다 으르렁댄다면 이 또한 부모님의 마음을 아프게 하는 일이에요. 형제끼리 따뜻이 감싸 주고 서로 잘 따르면 부모님도 흐뭇해하고, 웃음이 넘치는 화목한 가정이 될 거예요.

 ### 〈흥부와 놀부〉

욕심 많은 놀부는 멀쩡한 제비 다리를 부러뜨린 죄로, 박에서 나온 도둑과 도깨비들에게 전 재산을 뺏겨요. 하지만 착한 동생 흥부의 도움으로 자신의 잘못을 뉘우치지요. 이 이야기를 읽으면서 형제의 우애에 대해 다시 한번 생각해 보세요.

숨은 사자소학 찾기
② 공원

앞에서 읽은 사자소학 구절과 뜻을 떠올려 보세요. 그런 다음 공원에서 평화로운 주말을 보내는 사람들을 찬찬히 살펴보아요. 그림 속에 숨은 사자소학이 금방 보일 거예요!

1. 형체수이 소수일혈(形體雖異 素受一血)

2. 형우제공 불감원노(兄友弟恭 不敢怨怒)

3. 분무구다 유무상통(分毋求多 有無相通)

4. 아유환락 형제역락(我有歡樂 兄弟亦樂)

5. 형제이이 행즉안행(兄弟怡怡 行則雁行)

6. 일립지식 필분이식(一粒之食 必分而食)

7. 제수유과 수물성책(弟雖有過 須勿聲責)

8. 형제유선 필예우외(兄弟有善 必譽于外)

9. 형제유난 민이사구(兄弟有難 悶而思救)

10. 형제화목 부모희지(兄弟和睦 父母喜之)

➡ 정답은 154쪽에 있어요.

3장

스승과 어른에 대한 예의

사제(師弟)·경장(敬長) 편

사사여친 필공필경
事師如親 必恭必敬

 스승을 섬길 때는 부모를 섬기듯 공손히 하고 공경하라.

事	師	如	親	必	恭	必	敬
섬길 사	스승 사	같은 여	부모 친	반드시 필	공손할 공	반드시 필	공경할 경

 스승은 나를 잘 가르쳐서 바르게 이끌어 주는 분이에요. 단순히 지식만 가르쳐 주는 것이 아니라 무엇이 옳고 그른지, 인생을 어떻게 살아야 하는지 알려 주는 분이지요. 그러니까 부모님이 나의 몸을 낳고 길러 주셨다면, 스승은 나의 정신을 길러 주시는 분이에요. 예전에는 스승의 그림자도 밟으면 안 된다고 할 정도로 스승을 존경하고 잘 섬기는 것을 중요하게 생각했답니다.

헬렌 켈러와 설리반 선생님
미국의 헬렌 켈러는 어릴 때 뇌척수막염을 앓은 후, 보지도 듣지도 말하지도 못하는 장애인이 되었어요. 그러나 앤 설리번 선생님의 가르침을 받아 장애를 극복하면서 사회 운동가로 활발히 활동했답니다. 설리반 선생님은 헬렌 켈러에게 이렇게 말하곤 했어요.
"실패하더라도 계속해라. 실패에도 배우는 것이 있고, 그러면서 또 다른 기적이 일어날 수 있단다."

선생시교 제자시칙
先生施敎 弟子是則

스승이 가르침을 베풀면 제자는 이것을 본받아라.

先	生	施	教	弟	子	是	則
먼저 선	날 생	베풀 시	가르칠 교	아우 제	아들 자	이 시	본받을 칙

先 生 施 教 弟 子 是 則

스승이 가르침을 배풀면 제자는 이것을 본받아라.

모든 선생님은 제자들에게 하나라도 더 가르쳐 주려고 애써요. 그러니 선생님이 정성껏 가르쳐 주시면 잘 듣고 열심히 배워야 해요. 아기 새는 처음에는 모든 것이 서툴지만 어미 새가 나는 모습, 먹이 사냥하는 모습을 보고 익혀 결국 하늘을 날게 되지요. 이처럼 어떤 분야든 선생님의 가르침을 잘 따르면 선생님만큼 해낼 수 있어요. 뿐만 아니라 이를 토대로 나만의 독창적인 방식으로 생각하고 연구할 수 있게 된답니다.

언제까지나 제자로만 머물러 있는 것은 스승에 대한 보답이 아니다.

– 프리드리히 니체 (독일의 철학자)

니체가 남긴 이 명언과 비슷한 고사성어로 '청출어람(靑出於藍)'이 있어요. 제자가 스승보다 더 나은 경우를 뜻하지요. 스승의 입장에서는 자신보다 뛰어난 제자를 기르는 것만큼 보람된 일도 없을 거예요.

숙흥야매 물나독서
夙 興 夜 寐 勿 懶 讀 書

일찍 일어나고 늦게 자면서 독서를 게을리하지 말라.

夙	興	夜	寐	勿	懶	讀	書
일찍 숙	일어날 흥	밤 야	잘 매	말 물	게으를 나	읽을 독	책 서

夙 興 夜 寐   勿 懶 讀 書

일찍 일어나고 늦게 자면서
독서를 게을리하지 말라.

'책 속에 길이 있다.'는 말을 한 번쯤은 들어 보았을 거예요. 책 속에는 작가가 공부하고 경험하면서 얻은 깨달음과 지식이 가득해요. 즉, 책 한 권을 읽는 것은 한 사람의 인생을 들여다보는 것과 같지요. 그래서 책을 많이 읽을수록 내가 미처 경험하지 못한 것을 간접적으로 배울 수 있답니다. 그러니 시간이 날 때마다 부지런히 책을 읽는 습관을 가져 보세요. 독서는 수많은 스승의 가르침을 받는 것이나 마찬가지니까요.

하루라도 책을 읽지 않으면 입안에 가시가 돋는다. - 안중근 (독립 운동가)

안중근 의사는 평생 책을 가까이 한 분이에요. 이토 히로부미를 사살하여 뤼순 감옥에 갇혔을 때, 사형 집행일에도 "다 읽지 못한 책이 있으니 시간을 달라."고 한 뒤 5분 정도 더 독서를 했다는 일화가 전해지지요.

근면공부 부모열지
勤 勉 工 夫 父 母 悅 之

 **이런 뜻이에요**

공부에 부지런히 힘쓰면 부모님이 기뻐하신다.

 **따라 써요**

勤	勉	工	夫	父	母	悅	之
부지런할 근	힘쓸 면	장인 공	사내 부	아버지 부	어머니 모	기쁠 열	어조사 지

勤 勉 工 夫 父 母 悅 之

공부에 부지런히 힘쓰면 부모님이 기뻐하신다.

 **함께 생각해요**

부모님은 왜 맨날 공부하라고 잔소리를 하실까요? 공부를 열심히 한다고 해서 반드시 성공하거나 내 꿈이 이루어지는 것도 아닌데 말이에요. 네, 맞아요. 공부를 조금 못해도 얼마든지 행복하게 살 수 있어요. 하지만 열심히 공부하는 과정 속에서 성실한 태도가 얼마나 중요한지, 노력 뒤에 얻는 보상과 성취감이 얼마나 달콤한지 배울 수 있어요. 특히 '최선을 다하는 태도'를 익히고 길러 두면, 나중에 내가 원하는 일이 생겼을 때 그 일을 해낼 수 있는 큰 힘이 되어 준답니다.

 **비슷한 명언**

젊었을 때 배움을 게을리한 사람은 과거를 상실하며 미래도 없다.

– 에우리피데스 (고대 그리스의 시인)

능지능행 총시사공
能 知 能 行 總 是 師 功

능히 알고 행할 수 있는 것은 모두 스승의 공이다.

能	知	能	行	總	是	師	功
능할 능	알 지	능할 능	행할 행	모두 총	옳을 시	스승 사	공덕 공

能 知 能 行　總 是 師 功

능히　알고　행할　수　있는　것
은　모두　스승의　공이다.

우리가 어떤 분야에 대해 잘 알고, 어떤 일을 잘 해낼 수 있는 것은 스승에게 잘 배웠기 때문이에요. 따라서 내가 무슨 일이든 잘할 수 있도록 가르쳐 준 스승에게 감사한 마음을 가지는 것은 당연한 도리예요.
가깝게는 부모님도 내 삶의 스승이며, 학교 선생님, 학원 선생님, 감동적으로 읽은 책의 작가 등 수많은 스승 덕분에 우리가 세상을 살아가는 지혜를 얻을 수 있는 것이랍니다.

독학고루 (獨: 홀로 독, 學: 배울 학, 孤: 외로울 고, 陋: 더러울 루)
스승 없이 혼자 공부한 사람은 보고 들은 것이 적어 생각이 좁다는 뜻이에요. 폭넓은 지식과 경험을 전해 주는 스승의 중요성을 강조하는 말이지요.

연장이배 부이사지
年長以倍 父以事之

 나보다 나이가 두 배나 많으면 그를 아버지로 섬겨라.

年	長	以	倍	父	以	事	之
해 년	어른 장	써 이	더할 배	아버지 부	써 이	섬길 사	어조사 지

 이 말은 너무 어릴 때는 적용하기 힘들긴 해요. 그리고 나이가 두 배로 많은 사람을 진짜 아버지라고 부르라는 건 아니에요. 내가 어느 정도 컸을 때 나보다 나이가 두 배 이상 많은 사람을 만난다면 부모님처럼 존중하고 공경해야 한다는 뜻이에요. 나이가 많은 분들은 대개 오랜 세월 동안 많은 경험을 했고, 이를 통해 세상의 옳고 그름을 판단할 수 있는 깊은 안목을 가지고 있기 때문이에요.

 ### 늙은 말은 길을 잃지 않는다. - 몽골 속담

길을 잃었을 때 늙은 말을 풀어 준 다음 그 뒤를 따라가면 길을 찾을 수 있다는 뜻이에요. 경험이 많을수록 어려운 상황을 헤쳐 나가는 지혜가 많다는 말이지요.

장자자유 유자경장
長者慈幼 幼者敬長

 어른은 어린이를 사랑하고 어린이는 어른을 공경하라.

長	者	慈	幼	幼	者	敬	長
어른 장	사람 자	자비 자	어릴 유	어릴 유	사람 자	공경할 경	어른 장

長 者 慈 幼   幼 者 敬 長

어른은 어린이를 사랑하고 어린이는 어른을 공경하라.

 어른은 나이가 많다는 이유만으로 대접받으려 하지 말고, 아직 어린 아이들을 사랑하고 보살펴 주어야 해요. 또한 자신이 겪은 시행착오를 똑같이 반복하지 않도록 잘 이끌어 주어야 하지요. 반대로 어린이는 어른들이 살아온 시간과 그 과정에서 쌓은 경험, 지혜를 존중해 주어야 해요. 모든 어른이 다 훌륭한 것은 아니지만, 우리보다 먼저 인생을 경험한 어른들에게는 분명히 배울 점이 있답니다.

**오래 묵은 떡갈나무는 깊은 뿌리를 가지고 있고,
나이 많은 사람은 넓은 경험을 가지고 있다.**

– 라트비아 속담

노인이 오랜 세월에 걸쳐 터득한 지혜는 나무가 땅속 깊이 뿌리를 내린 것처럼 단단하다는 뜻이에요.

장자지전 진퇴필공
長者之前 進退必恭

 어른 앞에서는 나아가고 물러날 때 반드시 공손히 하라.

長	者	之	前	進	退	必	恭
어른 장	사람 자	어조사 지	앞 전	나아갈 진	물러날 퇴	반드시 필	공손할 공

 우리나라는 예로부터 어른에게 공손히 행동하는 것을 매우 중요하게 여겼어요. 그래서 중국 사람들은 우리나라를 '동쪽에 있는 예의에 밝은 나라'라는 뜻으로 '동방예의지국'이라고 불렀지요. 조금 부끄럽더라도 엘리베이터 안에서 어른을 만나면 먼저 인사하고, 지하철에서 자리를 양보하는 등 예의 바르게 행동해 보아요. 내가 상대방을 존중하는 마음으로 공손히 대하면 그 사람도 나를 존중하고 예의를 갖추어 대한답니다.

 **웃어른이 앉거나 눕는 곳에는 함부로 앉거나 눕지 말아야 한다.**

-《사소절》

《사소절》은 조선 후기의 실학자 이덕무가 선비들을 위해 만든 수양서예요. 몸과 마음을 닦아 집안과 나라를 다스려야 한다는 교훈이 담겨 있지요.

아경인친 인경아친
我敬人親 人敬我親

 내가 다른 사람의 부모님을 공경하면 다른 사람이 내 부모님을 공경한다.

我	敬	人	親	人	敬	我	親
나 아	공경할 경	사람 인	부모 친	사람 인	공경할 경	나 아	부모 친

我 敬 人 親　　人 敬 我 親

내	가		다	른		사	람	의		부	모	님	을	
공	경	하	면		다	른		사	람	이		내		부
모	님	을		공	경	한	다	.						

 친구가 우리 집에 놀러 와서 부모님께 인사도 제대로 하지 않고, 묻는 말에 대답도 잘 하지 않는다면 여러분 마음이 어떨까요? 아마 그런 일을 겪고 나면 너무 속상해서, 나도 친구 부모님에게 예의 바르게 행동하고 싶지 않을 거예요. 하지만 나의 부모님이 소중한 만큼 친구의 부모님께 공경하는 마음과 태도를 보여야 해요. 내가 먼저 친구 부모님에게 예의 바르게 행동하면 다른 친구들도 깨닫고 느끼는 점이 있을 거예요.

 **남에게 대접받고자 하는 대로 너희도 남을 대접하라.** -《성경》

빈객래방 접대필성
賓客來訪 接待必誠

손님이 찾아오면 반드시 정성스럽게 대접하라.

賓 客 來 訪 接 待 必 誠
손님 빈 손님 객 올 래 방문할 방 붙을 접 기다릴 대 반드시 필 성실 성

전 세계 어느 나라에도 손님을 푸대접하는 문화는 없어요. 특히 고대 그리스에서는 제우스 신이 나그네의 모습으로 불쑥 찾아온다는 믿음이 있어서 손님을 극진하게 대접했다고 해요. 처지를 바꾸어 생각해 볼까요? 내가 친구의 집에 갔는데 환영받지 못하고 찬밥 취급을 받는다면 무척 서운할 거예요. 그러니 손님이 찾아오면 나를 소중히 여긴다는 마음으로 정성스럽게 맞아야겠지요?

안인심이 좋아야 바깥양반 출입이 넓다

집안 살림을 하는 아내의 인심이 좋아야 남편이 편하게 다닐 수 있다는 뜻이에요. 즉, 부인이 집에 찾아오는 사람을 잘 대접해야 남편도 다른 데 가서 대접을 잘 받는다는 말이지요.

숨은 사자성어 찾기
③ 학교

앞에서 읽은 사자소학 구절과 뜻을 떠올려 보세요. 그런 다음 학교 공개 수업의 풍경을 하나하나 살펴보아요. 그림 속에 숨은 사자소학이 금방 보일 거예요!

1. 사사여친 필공필경(事師如親 必恭必敬)
2. 선생시교 제자시칙(先生施敎 弟子是則)
3. 숙흥야매 물나독서(夙興夜寐 勿懶讀書)
4. 근면공부 부모열지(勤勉工夫 父母悅之)
5. 능지능행 총시사공(能知能行 總是師功)
6. 연장이배 부이사지(年長以倍 父以事之)
7. 장자자유 유자경장(長者慈幼 幼者敬長)
8. 장자지전 진퇴필공(長者之前 進退必恭)
9. 아경인친 인경아친(我敬人親 人敬我親)
10. 빈객래방 접대필성(賓客來訪 接待必誠)

➡ 정답은 154쪽에 있어요.

4장

친구 간의 우정과 믿음

붕우(朋友) 편

이문회우 이우보인
以文會友 以友輔仁

 글로 친구를 모으고, 친구를 통해 인(仁)을 기르도록 하라.

以	文	會	友	以	友	輔	仁
써 이	글월 문	모일 회	벗 우	써 이	벗 우	도울 보	어질 인

 '인(仁)'은 어질고 착한 마음, 인간다움, 양심, 도덕성 등 여러 의미로 해석할 수 있어요. 즉, '인(仁)'을 갖춘 사람은 양심에 거리끼는 일을 하지 않고, 훌륭한 인격을 지닌 사람이지요. 옛날에는 '인'을 길러 주는 글을 함께 읽고 토론할 수 있는 친구를 사귀는 것을 중요하게 여겼어요. 뿐만 아니라 그 친구와 나란히 어질고 훌륭한 인격을 갖추는 것을 가장 이상적인 우정으로 보았지요. 여러분도 친구와 함께 좋은 글을 읽으면서 바른 생활을 할 수 있도록 서로 이끌어 주면 좋겠지요?

 **절차탁마** (切: 끊을 절, 磋: 갈 차, 琢: 쪼을 탁, 磨: 갈 마)
돌을 끊고, 갈고, 쪼고, 간다는 뜻이에요. 돌을 다듬어서 물건을 만드는 것처럼 사람의 학문과 인격을 갈고닦아야 한다는 말이지요.

우기정인 아역자정
友 其 正 人 我 亦 自 正

 **이런 뜻이에요**

바른 사람과 벗이 되면 나 또한 저절로 바르게 된다.

 **따라 써요**

友	其	正	人	我	亦	自	正
벗 우	그 기	바를 정	사람 인	나 아	또 역	스스로 자	바를 정

友 其 正 人   我 亦 自 正

바른 사람과 벗이 되면 나 또한 저절로 바르게 된다.

 **함께 생각해요**

지저분한 곳에 오래 있다가 나오면 몸에서 고약한 냄새가 나고, 향기로운 꽃이 가득한 꽃집에 있다가 나오면 몸에서 꽃향기가 나요. 이처럼 내가 어디에, 누구와 함께 있는지에 따라 몸에서 나는 향기가 달라져요. 마찬가지로 항상 부정적으로 말하고 습관적으로 욕을 하는 친구와 어울리면 나도 모르게 나쁜 말을 입에 담게 돼요. 반대로 긍정적인 생각과 예쁜 말을 하는 친구와 어울리면 나 또한 바르게 행동하게 된답니다.

 **비슷한 고사성어**

근묵자흑 (近: 가까울 근, 墨: 먹 묵, 者: 사람 자, 黑: 검을 흑)

먹을 가까이하는 사람은 검어진다는 뜻이에요. 나쁜 사람과 가깝게 지내면 상대방의 나쁜 버릇에 물들기 쉽다는 의미로 주변 환경의 중요성을 담고 있어요.

거필택린 취필유덕
居必擇隣 就必有德

 반드시 이웃을 가려 살 곳을 정하고 덕이 있는 사람을 따라야 한다.

居 必 擇 隣　就 必 有 德
살 거　반드시 필　가릴 택　이웃 린　나아갈 취　반드시 필　있을 유　덕 덕

이웃에 사는 사람들이 툭하면 다투고 소란스럽다면 어떨까요? 또는 집 앞에서 우연히 마주쳐도 인사하지 않고 쌀쌀맞게 군다면요? 아마 얼굴을 마주하는 것조차 불편하고, 급하게 부탁할 일이 있어도 말을 꺼내기 어려울 거예요. 즉, 넓고 좋은 집에 사는 것보다 다정한 이웃과 정답게 지내는 것이 훨씬 행복한 일이에요. 물론 우리가 원하는 대로 이웃을 바꿀 순 없지만, 되도록이면 덕이 많은 사람 곁에 지내면서 나부터 선하게 행동하도록 해요.

이웃사촌

이웃이 사촌과 같다는 말이에요. 서로 친하게 지내면서 정을 쌓으면 사촌만큼 가까운 사이가 된다는 뜻이지요.

택이교지 유소보익
擇 而 交 之 有 所 補 益

 사람을 가려 사귀면 도움과 유익함이 있다.

擇	而	交	之	有	所	補	益
가릴 택	말 이을 이	사귈 교	어조사 지	있을 유	바 소	도울 보	더할 익

擇 而 交 之   有 所 補 益

사람을 가려 사귀면 도움과
유익함이 있다.

 학교, 동네 등 내 주변 환경을 마음대로 결정하기는 조금 어려워요. 하지만 가까이 지내고 싶은 사람은 천천히 알아 가면서 성품을 확인하고 선택할 수 있어요. 많이 대화하고, 취미 활동도 같이 해 보고, 봉사 활동처럼 의미 있는 일도 함께해 보면 나와 잘 맞는 사람인지 알 수 있지요. 함께 있으면 기분이 좋고, 배울 점이 많은 사람을 가까이 하면 나에게 큰 도움이 될 거예요. 뿐만 아니라 마음도 즐겁겠지요?

새도 가지를 가려 앉는다

새도 나뭇가지에 앉을 때는 아무 가지에나 앉지 않는다는 뜻이에요. 친구를 사귈 때 신중하게 선택하라는 교훈을 담고 있어요.

87

붕우유과 충고선도
朋友有過 忠告善導

 친구에게 잘못이 있으면 충고하여 착하게 이끌어라.

朋	友	有	過	忠	告	善	導
벗 붕	벗 우	있을 유	허물 과	충성 충	알릴 고	착할 선	이끌 도

 진심으로 아끼는 친구가 잘못을 저질렀을 때, 여러분은 어떻게 하나요? 모르는 척 그냥 넘어간다고요? 하지만 그건 친구가 자신의 잘못을 깨닫고 뉘우칠 기회를 잃게 내버려 두는 거예요. 그러니 좋은 말로 잘못한 부분에 대해 솔직하게 이야기해 주어야 해요. 진정한 친구라면 마땅히 해야 할 도리지요. 물론 나의 충고를 받아들일지 말지는 친구의 선택이지만요. 그리고 충고할 때는 선생님처럼 가르치려고 들거나 따지듯이 말하면 친구가 속상할 거예요. 이건 꼭 조심하도록 해요.

 **훌륭한 충고보다 값진 선물은 없다.** – 에라스무스 (네덜란드의 인문학자)

나에게 피가 되고 살이 되는 진정한 충고는 반드시 귀 기울여야 하지만, 나의 상황에 맞게 가려 듣는 것도 매우 중요하답니다.

면책아과 강직지인
面責我過 剛直之人

 내 앞에서 잘못을 꾸짖으면 굳세고 정직한 사람이다.

面	責	我	過	剛	直	之	人
얼굴 면	꾸짖을 책	나 아	허물 과	굳셀 강	곧을 직	어조사 지	사람 인

 나의 잘못을 직접 말해 주는 사람은 진정한 친구라고 할 수 있어요. 누군가가 내 잘못을 지적하면 듣기 싫고 기분이 나쁘겠지만, 그 감정을 잠시 억누르고 친구가 한 말을 곰곰이 생각해 보세요. 만약 친구의 충고가 옳고 내가 고쳐야 할 점이 맞다면 나를 바르게 이끌어 주려 한 친구에게 고마워해야 해요. 반대로 내 잘못을 뒤에서 흉보기만 하는 친구는 가까이 할 필요가 없어요. 그저 나를 비난할 뿐 진정으로 위해 주는 사람이 아니니까요.

**좋은 약은 입에 쓰나 병에 이롭고,
충직한 말은 귀에 거슬리나 행동에 이롭다.**

- 사마천 (고대 중국의 역사가)

언이불신 비직지우
言而不信 非直之友

말을 믿을 수 없다면 정직한 친구가 아니다.

말씀 **언** | 말 이을 **이** | 아니 **불** | 믿을 **신** | 아닐 **비** | 곧을 **직** | 어조사 **지** | 벗 **우**

말을 믿을 수 없다면 정직한 친구가 아니다.

입만 열면 거짓말을 하고 허풍을 떠는 사람은 믿을 수가 없지요. 사람들이 처음 한두 번은 그 말에 속아 넘어갈지 몰라도, 결국에는 믿을 수 없는 사람이라고 여기고 점점 멀어질 거예요. 반면, 정직한 사람은 생각과 말과 행동이 늘 바르고 한결같아요. 《이솝 우화》에 나오는 양치기 소년처럼 장난으로 거짓말을 하거나, 어떤 일을 사실보다 크게 부풀리는 허풍쟁이들은 결국 사람들의 믿음을 잃고 혼자가 된다는 사실, 꼭 명심하세요.

거짓말쟁이가 받는 가장 큰 벌은 그가 진실을 말해도 사람들이 믿지 않는 것이다. –《탈무드》

견선종지 지과필개
見善從之 知過必改

 착한 것을 보면 따르고 잘못을 알면 반드시 고쳐라.

見	善	從	之	知	過	必	改
볼 견	착할 선	따를 종	어조사 지	알 지	허물 과	반드시 필	고칠 개

見 善 從 之 知 過 必 改

착한 것을 보면 따르고 잘못
을 알면 반드시 고쳐라.

 누군가가 착한 일을 하는 것을 보면 '나도 저렇게 해야지.' 하는 마음이 저절로 생겨요. 반대로 누군가가 나쁜 행동을 일삼으면, '나는 절대 저런 사람이 되지 않을 거야.' 하고 마음먹게 되지요. 이처럼 주변에서 일어나는 모든 일들이 나에게 깨달음과 교훈을 줄 수 있답니다. 선한 행동을 보며 내가 배울 점을 되새기고, 나쁜 행동을 보며 혹시 내 말과 행동에는 반성할 점이 없는지 돌아보아요.

 **세 사람이 길을 가면 그중에 반드시 나의 스승이 있다. 선량한 사람에게서는 선함을 가려 따르고, 선량하지 못한 사람에게서는 선하지 않은 것을 거울삼아 자신의 허물을 고쳐라.** – 공자 (고대 중국의 사상가)

염인책자 기행무진
厭人責者 其行無進

 남이 꾸짖는 것을 싫어하는 사람은 행실에 진전이 없다.

厭人責者　其行無進
싫어할 염　사람 인　꾸짖을 책　사람 자　그 기　행할 행　없을 무　나아갈 진

 다른 사람이 나를 꾸짖는 경우, 그 사람의 말이 옳다면 정말 감사해야 할 일이에요. 만약 꾸짖어 주지 않았다면 계속 잘못을 저질렀을 텐데, 덕분에 깊이 반성하고 행동을 고칠 수 있을 테니까요.

그러나 내가 잘못한 게 없는데 그 사람이 오해하여 꾸짖은 것이라면, 내 행동에 오해를 살 만한 점이 없었는지 돌아보도록 해요. 어떤 경우든 다른 사람의 충고는 나를 객관적으로 보게 하여 더 나은 사람이 되도록 만들어 준답니다.

 **남의 조언에 귀를 기울이지 않는 사람은 구제가 불가능한 어리석은 자이다.** – 발타사르 그라시안 (에스파냐의 작가)

인무책우 이함불의
人無責友 易陷不義

 **이런 뜻이에요**

꾸짖는 친구가 없으면 의롭지 못한 데 빠지기 쉽다.

 **따라 써요**

人	無	責	友	易	陷	不	義
사람 인	없을 무	꾸짖을 책	벗 우	쉬울 이	함정 함	아니 불	옳을 의

꾸짖는 친구가 없으면 의롭지 못한 데 빠지기 쉽다.

 **함께 생각해요**

'의롭다'는 것은 공정하고 올바르다는 뜻이에요. 내가 큰 잘못을 저질렀는데 아무도 꾸짖지 않는다면, 나의 문제점이 무엇인지 전혀 깨닫지 못할 거예요. 그러면 무엇이 공정한지, 무엇이 올바른지 끝까지 알지 못할 테지요. 어렸을 때 이를 배우지 못하면 어른이 되어서도 올바르게 행동하기 어렵겠지요? 그러니 나를 꾸짖으며 내가 가야 할 올바른 길을 알려 주는 친구가 있다면 멀리하지 말고 소중히 여겨 주세요.

 **비슷한 격언**

너를 비난하는 친구와 가까이 지내고 너를 칭찬하는 친구와 멀리하라.
- 《탈무드》

고대 그리스의 철학자 플루타르코스도 내가 끄덕일 때 똑같이 끄덕이는 친구는 사귀지 말라고 했어요. 꿀처럼 달콤한 말을 하는 사람보다, 옳지 못한 행동을 조용히 타일러 주는 사람이 진짜 친구랍니다.

숨은 사자소학 찾기
④ 학교 강당

앞에서 읽은 사자소학 구절과 뜻을 떠올려 보세요. 그런 다음 학교 강당에서 즐겁게 노는 아이들을 살펴보아요. 그림 속에 숨은 사자소학이 금방 보일 거예요!

1. 이문회우 이우보인(以文會友 以友輔仁)
2. 우기정인 아역자정(友其正人 我亦自正)
3. 거필택린 취필유덕(居必擇隣 就必有德)
4. 택이교지 유소보익(擇而交之 有所補益)
5. 붕우유과 충고선도(朋友有過 忠告善導)
6. 면책아과 강직지인(面責我過 剛直之人)
7. 언이불신 비직이우(言而不信 非直之友)
8. 견선종지 지과필개(見善從之 知過必改)
9. 염인책자 기행무진(厭人責者 其行無進)
10. 인무책우 이함불의(人無責友 易陷不義)

➡ 정답은 155쪽에 있어요.

5장

올바른 마음과 행동 1

수신(朋友)·제가(齊家) 편

행필정직 언즉신실
行必正直 言則信實

행동은 바르고 곧게, 말은 믿음직스럽고 진실하게 하라.

行必正直　言則信實
다닐 행　반드시 필　바를 정　곧을 직　　말씀 언　곧 즉　믿을 신　열매 실

여기에서 '정직(正直)'은 바르고 꾸밈이 없는 태도뿐 아니라, 곧은 몸가짐을 뜻하기도 해요. 어깨가 구부정한 사람을 보면 기운이 없어 보여요. 수업 시간에 다리를 계속 떨면 주변의 친구들이 선생님 말씀에 집중하기 어렵지요. 이처럼 몸가짐이 바르지 않으면 남들이 보기에 불편할 수 있고 믿음을 주기 어렵답니다.

말을 할 때도 진실보다 거짓이 많으면, 처음에는 사람들이 한두 번 속을지 몰라도 곧 여러분을 멀리할 거예요. 행동은 바르고 곧게, 말에는 진심을 담아야 사람들에게 믿음을 줄 수 있고 잘 어울려 지낼 수 있어요.

예의의 시작은 자세를 바르게 하고 얼굴빛을 반듯이 하며 말을 삼가는 데 있다. -《예기》

용모단정 의관정제
容貌端正 衣冠整齊

 용모는 단정하게 하고 의관은 바르고 가지런하게 하라.

 '용모'는 얼굴의 모양을 가리키고, '단정'은 바르고 얌전하다는 뜻이에요. 그러니까 '용모 단정'은 얼굴을 편안하고 깔끔하게 매만지라는 의미지요. 그리고 '의관'은 '웃옷'과 '갓'을 뜻하는데, 잘 갖추어 입는 옷차림을 가리켜요. '정제'는 상황과 장소에 맞게 차려입는다는 말이고요.

이렇게 얼굴과 옷차림을 단정히 하는 것은 다른 사람에 대한 예의이기도 해요. 이를 통해 사람들에게 편안한 인상을 줄 수 있을 뿐 아니라, 나의 몸가짐도 훨씬 발라진답니다.

 **가능한 옷을 잘 입어라. 단정한 외모는 생각보다 중요하다.**

-《탈무드》

거처필공 보리안상
居處必恭 步履安詳

거처할 때 반드시 공손히 하고 걸음걸이는 편안하고 침착히 하라.

'거처'는 원래 일정하게 자리를 잡고 사는 것을 뜻하지만, 조금 넓게 해석하면 몸가짐을 가리켜요. 몸가짐을 항상 공손히 하면 사람들에게 좋은 인상을 줄 수 있어요. 또한 걸음걸이를 편안하고 침착하게 하면 내 마음도 편안하고 무엇보다 안전하게 다닐 수 있지요. 반대로 급하다고 학교 계단이나 복도에서 마구 뛰거나 닫히는 엘리베이터 안으로 뛰어들면 지켜보는 사람들도 불안하고 걱정돼요. 이처럼 조급하게 행동하다가 다치지 않도록 항상 조심해야겠지요?

마음이 편안하고 긍정적이면 마음껏 실력을 발휘할 수 있다. – 조너선 페이더 (미국의 스포츠 심리학자)

작사모시 출언고행
作 事 謀 始　出 言 顧 行

 일할 때 시작을 잘 계획하고 말할 때 행실을 돌아보라.

作	事	謀	始	出	言	顧	行
지을 작	일 사	꾀할 모	비로소 시	나갈 출	말씀 언	돌아볼 고	다닐 행

作事謀始 出言顧行

일할 때 시작을 잘 계획하고
말할 때 행실을 돌아보라.

 계획 없이 덥석 일을 시작하면 길을 잃을 수 있어요. 모든 과정을 세세히 계획할 순 없지만, 나아갈 방향과 목표를 정확히 세운 뒤 단계별로 어떻게 할지 큰 그림을 잘 그려야 하지요. 그러지 않으면 열심히 하더라도 좋은 결과를 얻지 못할 수 있어요. 이렇게 계획을 잘 짜는 것도 중요하지만, 바른 마음과 성실한 태도로 꾸준히 노력하는 게 훨씬 중요하답니다. 그리고 내가 다짐했던 대로 잘 실천하고 있는지, 나의 말과 행동이 일치하는지 스스로 돌아보는 것도 잊지 말아요.

 **꿈은 그저 꿈일 뿐이다. 하지만 목표는 계획과 마감 시간이 있는 꿈이다.**

– 하비 맥케이 (미국의 사업가, 작가)

45

상덕고지 연낙중응
常德固持 然諾重應

항상 덕을 굳게 지키고 승낙할 때 신중하게 대답하라.

常	德	固	持	然	諾	重	應
항상 상	덕 덕	굳을 고	가질 지	그럴 연	허락할 낙	무거울 중	응할 응

常 德 固 持　然 諾 重 應

| 항 | 상 | | 덕 | 을 | | 굳 | 게 | | 지 | 키 | 고 | | 승 | 낙 |
| 할 | | 때 | | 신 | 중 | 하 | 게 | | 대 | 답 | 하 | 라 | . | |

사람이 살아가면서 꼭 지켜야 할, 변하지 않는 가치가 있어요. 도덕적으로 행동하는 것, 다른 사람에게 너그러이 베푸는 것이에요. 이러한 가치를 다른 말로 '덕(德)'이라고 해요. 탐나는 물건을 독차지하고, 마음대로 먹고 놀 게 아니라 '덕'에 맞게 행동해 보세요. 여러분 마음 속에 분명 더 큰 기쁨과 뿌듯함이 자리할 거예요. 그리고 다른 사람의 부탁을 받거나 약속을 할 때는 신중하게 결정해야 해요. 한번 내뱉은 말은 되돌리기 어렵기 때문이지요.

오래전 약속이라도 잊지 마라. - 공자 (고대 중국의 사상가)

공자는 '오래된 약속을 잊지 않고 지킨다면 완성된 사람'이라고 했어요. 작은 약속조차 지키지 않는 사람이라면 그 누구도 중요한 일을 맡기지 않을 거예요. 그러니 사소한 말과 행동이라도 꼭 지키는 사람이 되도록 해요.

음식신절 언어공손
飮食愼節 言語恭遜

 **이런 뜻이에요**

먹고 마실 때 삼가고 절제하고 말을 공손히 하라.

 **따라 써요**

마실 **음** | 먹을 **식** | 삼갈 **신** | 마디 **절** | 말씀 **언** | 말씀 **어** | 공손할 **공** | 겸손할 **손**

| 먹 | 고 | | 마 | 실 | | 때 | | 삼 | 가 | 고 | | 절 | 제 | 하 |
| 고 | | | 말 | 을 | | 공 | 손 | 히 | | 하 | 라 | . | | |

 **함께 생각해요**

배가 부른데도 눈앞에 놓인 음식이 탐나서 계속 먹은 적이 있나요? 배고플 때 음식을 먹는 것은 기분 좋은 일이지만, 이미 배가 꽉 찼을 때 욕심을 내다가는 오히려 탈이 날 수 있어요. 아무리 맛있는 음식이라도 절제할 줄 알아야 기분이 좋고 건강에도 좋아요.

말도 마찬가지예요. 그 사람의 됨됨이를 그대로 보여 주는 만큼, 내키는 대로 말하기보다는 적당히 절제할 줄 알아야 해요. 공손한 말을 습관화하여 스스로 멋진 사람이라는 걸 보여 주세요.

 **비슷한 속담**

말 한마디에 천 냥 빚을 갚는다

말을 예쁘고 점잖게 하면 불가능해 보이는 일도 해결할 수 있다는 뜻이에요. 공손한 말의 힘은 여러분이 생각하는 것보다 훨씬 크답니다.

시습문자 자획해정
始習文字 字劃楷正

 처음 문자를 익힐 때 글자의 획을 바르게 써라.

 '획'은 '필기구로 한 번 그은 줄이나 점'을 뜻해요. 획을 바르게 쓰지 않고 흘려 쓰거나 삐뚤빼뚤 휘갈기면, 내가 써 놓고도 무슨 글자인지 읽지 못할 거예요. 따라서 획을 바르고 정확하게 써야 나의 생각과 의견을 상대방에게 잘 전달할 수 있답니다. 그리고 획을 쓸 때 순서가 있다는 사실, 알고 있나요? 가장 기본은 위에서 아래로, 왼쪽에서 오른쪽으로 쓰는 거예요. 물론 획의 순서를 꼭 맞춰야 하는 것은 아니지만, 많은 사람들이 가장 편리한 방식이라고 여기는 만큼 이 순서를 따르면 글자를 더 쉽게 쓸 수 있답니다.

조선 최고의 명필가, 한석봉

한호(한석봉)의 글씨는 서예를 잘 모르는 사람이 보아도 감탄이 절로 나올 만큼 단정하고 아름다워요. 그의 호를 따 '석봉체'라고 부르지요.

서책낭자 매필정돈
書冊狼藉 每必整頓

책이 여기저기 흩어져 있으면 매번 반드시 정돈하라.

書	冊	狼	藉	每	必	整	頓
책 서	책 책	어지러울 낭	어지러울 자	매양 매	반드시 필	가지런할 정	조아릴 돈

書 冊 狼 藉　每 必 整 頓

책이　여기저기　흩어져　있으면
매번　반드시　정돈하라.

너무 재미있어서 푹 빠져 읽다 보면 이 책, 저 책 꺼내 볼 수 있어요. 읽던 책과 비슷한 주제의 책을 찾아 나란히 펼쳐 놓고 비교해 볼 수도 있고요. 또 필요하면 노트를 꺼내 메모하면서 책을 읽기도 하지요. 그러면 책의 내용이 더 잘 이해되고 오래 기억할 수 있답니다.

그런데 이렇게 책을 읽고 난 뒤 정리하지 않고 그대로 놔두면 어떨까요? 어지럽게 흩어진 책 때문에 방이 너무 지저분할 테고, 나중에 원하는 책을 다시 찾기도 어려울 거예요. 책뿐만이 아니라 사용한 물건은 반드시 제자리에 정리 정돈하는 습관을 기르도록 해요.

청결과 정돈은 본능의 문제가 아니라 교육의 문제이며, 대부분의 중요한 것들과 마찬가지로 그에 대한 감각을 키워야 한다.

– 벤자민 디즈라엘리 (영국의 정치가)

덕업상권 과실상규
德業相勸 過失相規

덕업은 서로 권하고 과실은 서로 경계해 바로잡아라.

德	業	相	勸	過	失	相	規
덕 덕	일 업	서로 상	권할 권	허물 과	잃을 실	서로 상	법 규

德業相勸 過失相規

덕업은 서로 권하고 과실은
서로 경계해 바로잡아라.

인터넷에서 재미있는 영상이나 글을 보면 가족, 친구들에게 보여 주고 싶지요. 다른 사람과 함께 웃으면 더 즐겁기 때문이에요. 이처럼 사람은 본래 좋은 것을 서로 나눌 때 더 큰 행복을 느껴요. '다른 사람에게 선을 베푸는 행동, 올바른 행동'을 뜻하는 덕업도 마찬가지예요. 봉사 활동 같은 것을 가족, 친구들에게 권하고 함께해 보세요. 더 큰 보람과 성취감을 선물받게 될 거예요. 그리고 가족이나 친구가 잘못을 저지르면 그냥 지나치지 말고 바로잡아 주세요. 상대방이 나쁜 길로 가지 않도록 도와주다 보면 나도 더 바르고 훌륭한 사람이 될 거예요.

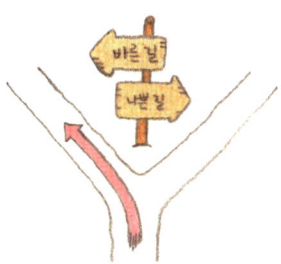

허물이 있으면 고치는 것을 두려워하지 말라.
- 공자 (고대 중국의 사상가)

예속상교 환난상휼
禮俗相交 患難相恤

 바른 풍속은 서로 나누고 근심과 어려움은 서로 도와라.

禮	俗	相	交	患	難	相	恤
예절 예	풍속 속	서로 상	사귈 교	근심 환	어려울 난	서로 상	도울 휼

 '풍속'은 옛날부터 전해 내려오는 생활 습관을 말해요. 해마다 추운 겨울이 되면 어려운 이웃을 위해 성금을 모으고, 아기가 돌이 되면 축하하는 떡을 만들어 이웃과 함께 나누어 먹는 것도 우리의 소중한 풍속이지요. 이렇게 아름답고 의미 있는 풍속을 서로 권하여 널리 퍼지면, 이 세상이 조금은 더 따뜻해질 거예요. 기쁨은 나누어 두 배로 축하하고, 어렵고 슬픈 일도 나누어 반으로 줄이는 우리의 아름다운 풍속을 함께 지켜 나가도록 해요.

 **누가 가장 행복한 사람인가? 남의 기쁨을 자기의 것인양 기뻐하는 사람이다.** - 괴테 (독일의 문학가)

 **상부상조** (相: 서로 상, 扶: 도울 부 相: 서로 상, 助: 도울 조)
서로 돕는다는 뜻으로, 여럿이 힘을 합쳐 위기를 이겨 내는 모습을 말해요.

숨은 사자소학 찾기
⑤ 졸업식

앞에서 읽은 사자소학 구절과 뜻을 떠올려 보세요. 그런 다음 기쁜 졸업식에 참석한 사람들을 살펴보아요. 그림 속에 숨은 사자소학이 금방 보일 거예요!

1. 행필정직 언즉신실(行必正直 言則信實)
2. 용모단정 의관정제(容貌端正 衣冠整齊)
3. 거처필공 보리안상(居處必恭 步履安詳)
4. 작사모시 출언고행(作事謀始 出言顧行)
5. 상덕고지 연낙중응(常德固持 然諾重應)
6. 음식신절 언어공손(飮食愼節 言語恭遜)
7. 시습문자 자획해정(始習文字 字劃楷正)
8. 서책낭자 매필정돈(書冊狼藉 每必整頓)
9. 덕업상권 과실상규(德業相勸 過失相規)
10. 예속상교 환난상휼(禮俗相交 患難相恤)

➡ 정답은 155쪽에 있어요.

6장

올바른 마음과 행동 2

수신(朋友)·제가(齊家) 편

수신제가 치국지본
修身齊家 治國之本

 **이런 뜻이에요**

몸과 마음을 닦고 집안을 가지런히 하는 것은 나라를 다스리는 근본이다.

 **따라 써요**

修身齊家 治國之本
닦을 수 / 몸 신 / 가지런할 제 / 집 가 / 다스릴 치 / 나라 국 / 어조사 지 / 뿌리 본

몸과	마음을	닦고	집안을	가
지런히	하는	것은	나라를	다
스리는	근본이다.			

 **함께 생각해요**

이 구절에서 나라를 다스리는 것은 '모임이나 조직을 이끈다.'로 고쳐 읽어도 좋아요. 사람들과 잘 어울리면서 모임을 건강하게 이끌려면 자신부터 잘 관리해야 해요. 만약 학교 선생님이 자기 관리를 못 해 늦잠을 자다가 수업에 늦거나, 국민들이 엄청난 태풍에 큰 피해를 입었는데 정부가 나 몰라라 한다면 어떨까요? 학생은 선생님의 가르침을 따르기 어렵고, 국민은 나라를 믿을 수 없겠지요. 사람들을 이끄는 리더가 되려면 먼저 자기 관리를 철저하게 하고 사람들에게 모범이 되는 행동을 해야 한답니다.

 **비슷한 명언**

남을 굴복시킬 수 있는 사람은 강한 사람이다. 그러나 자기 자신을 이겨 내는 사람은 더 강한 사람이다. – 노자 (고대 중국의 사상가)

독서근검 기가지본
讀書勤儉 起家之本

 책을 읽으며 부지런하고 검소한 것이 집안을 일으키는 근본이다.

讀	書	勤	儉	起	家	之	本
읽을 독	글 서	부지런할 근	검소할 검	일어날 기	집 가	어조사 지	근본 본

 책 속에는 지혜가 가득 담겨 있어서 세상의 이치를 꿰뚫어 볼 수 있는 안목을 키워 주어요. 또 나의 잠재력을 일깨워 원하는 꿈을 이루게 해 주는 토대가 되기도 하고요. 하지만 책을 많이 읽는다고 해서 무조건 꿈을 이루고 성공하는 것은 아니에요. 책에서 얻은 지식만 믿고 자만하거나 아무 노력도 하지 않는다면 소용없을 테니까요. 그래서 독서를 꾸준히 하는 동시에, 부지런하고 검소한 마음으로 노력하는 자세가 꼭 필요하답니다. 그러면 나의 꿈에 가까워지는 길이 활짝 열릴 거예요.

 **얼마나 많은 사람들이 책 한 권을 읽음으로써 인생에 새로운 전기를 맞이했던가!** – 헨리 데이비드 소로우 (미국의 작가)

충신자상 온량공검
忠信慈祥 溫良恭儉

 충실하고 믿음직스럽고 자상하며, 온화하고 어질고 공손하며 검소하라.

忠 信 慈 祥 溫 良 恭 儉
충성 충 / 믿을 신 / 자애 자 / 상서로울 상 / 따뜻할 온 / 어질 량 / 공손할 공 / 검소할 검

 평판이 좋고 사랑받는 사람들은 공통점이 하나 있어요. 바로 사람들에게 믿음을 준다는 점이에요. 사람들은 보통 다른 꿍꿍이속이 있거나 뒤에서 내 흉을 보는 사람을 멀리해요. 다른 사람을 거칠게 대하는 것도 좋아하지 않지요. 아무리 능력 있고 돈이 많아도 거만하고 공격적인 사람, 사치스러운 사람을 보면 슬금슬금 피하기 마련이에요. 하지만 자상하고 온화한 사람, 늘 다른 사람을 배려하고 공정하게 일하는 사람은 전폭적으로 믿으며 마음을 열어요. 사랑받는 사람들의 특징을 잘 살펴서 본받는다면, 여러분 주위에도 사람들이 많이 모이고 따를 거예요.

 **진정한 행복은 따뜻함과 애정을 나누어 주고, 진심 어린 배려를 할 때 찾아온다.** – 달라이 라마 (티베트의 지도자)

인지덕행 겸양위상
人之德行 謙讓爲上

 **이런 뜻이에요**

사람의 덕행은 겸손과 사양이 제일이다.

 **따라 써요**

人	之	德	行	謙	讓	爲	上
사람 인	어조사 지	덕 덕	다닐 행	겸손할 겸	사양할 양	할 위	윗 상

 **함께 생각해요**

어질고 너그러운 행동인 '덕행' 중에서 으뜸은 '겸손'과 '사양'이에요. 두 단어는 뜻이 비슷하긴 한데 조금 차이가 있어요. '겸손'은 나를 내세우지 않고, 다른 사람을 존중하는 태도예요. 우리는 자기가 최고인 것처럼 잘난 척하는 사람을 보면 저절로 눈살이 찌푸려져요. 하지만 잘하는 것이 있어도 자랑하지 않고 오히려 자신을 낮추는 사람을 보며 존경스럽고 닮고 싶은 마음까지 들지요. '사양'은 겸손한 마음에서 나오는 행동이에요. 겸손한 태도로 대가를 받지 않거나 그 공을 다른 사람에게 양보하는 것이 바로 '사양'이랍니다.

 **비슷한 속담**

물이 깊을수록 소리가 없다

깊은 물이 소리 없이 흐르는 것처럼, 덕이 높고 훌륭한 사람일수록 교만하지 않고 겸손하다는 뜻이에요.

막담타단 미시기장
莫 談 他 短 靡 恃 己 長

남의 단점을 말하지 말고 자신의 장점을 믿지 말라.

莫	談	他	短	靡	恃	己	長
없을 막	말씀 담	다를 타	짧을 단	말 미	믿을 시	몸 기	길 장

남은 깎아내리고, 자신은 치켜세우는 것은 매우 옹졸한 행동이에요. 아무리 훌륭한 사람이라도 어떤 점은 조금 부족하기 마련이거든요. 세상에 완벽한 사람은 없답니다. 그러니 다른 사람의 부족한 점을 채워 주고 품어 주는 태도를 가지는 게 좋겠지요? 또한 내가 아주 잘하는 것이 있다고 해서 그것만 믿고 잘난 체하다가는 큰 코 다칠 수 있어요. 그런 건방진 마음이 뜻하지 않은 실수를 부르는 법이지요. 내가 자신 있는 일이라 해도 항상 진지하게 최선을 다해야 실수를 줄일 수 있답니다.

원숭이도 나무에서 떨어진다

나무를 아주 잘 타는 원숭이도 나무에서 떨어질 수 있다는 뜻이에요. 아무리 익숙하고 잘하는 일이라도 실수할 수 있으니 겸손해야 한다는 의미지요.

기소불욕 물시어인
己 所 不 欲 勿 施 於 人

자기가 하기 싫은 일을 다른 사람에게 시키지 말라.

己	所	不	欲	勿	施	於	人
몸 기	바 소	아니 불	바랄 욕	말 물	베풀 시	어조사 어	사람 인

己 所 不 欲 勿 施 於 人

자기가 하기 싫은 일을 다른 사람에게 시키지 말라.

'나라면 어떨까?' 하고 입장을 바꿔 보면, 다른 사람들이 무엇을 좋아하고 무엇을 싫어하는지 금세 알 수 있어요. 물론 사람마다 생각이나 취향이 다르지만, 일반적으로 좋아하고 싫어하는 것은 비슷비슷하거든요. 그러니 내가 하기 싫은 일, 괴로운 일은 남에게 시키거나 강요하지 말아야 해요. 내가 나이가 많다는 이유로 동생에게 장난감 정리를 몽땅 미룬다거나 이런저런 심부름을 시키는 것도 마찬가지예요. 처음 한두 번은 내 말을 들을지 몰라도, 금세 동생의 마음속에 불만이 생길 거예요. 그러니 남에게 무언가를 요청할 때는 '내가 이런 요구를 받으면 좋을까, 싫을까?'를 먼저 생각해 보세요.

자신을 화나게 했던 행동을 다른 사람에게 행하지 말라.

– 소크라테스 (고대 그리스의 철학자)

적선지가 필유여경
積善之家 必有餘慶

 선행을 쌓은 집안에는 반드시 뒤에 경사가 있다.

積 善 之 家　必 有 餘 慶
쌓을 적　착할 선　어조사 지　집 가　반드시 필　있을 유　남을 여　경사 경

 더 정확하게는 좋은 일을 많이 하면 나뿐만 아니라 후손들까지 큰 복을 누린다는 말이에요. 그런데 착한 일을 한다고 해서 바로바로 좋은 결과로 이어지는 건 아니에요. 봉사 활동을 많이 한다고 해서 큰 상을 받는 것도 아니고, 할머니의 무거운 짐을 들어 드렸다고 해서 다음 날 내가 원하는 물건이 짠 하고 생기지 않지요. 하지만 내가 먼저 다른 사람을 배려하고 선행을 베풀면 그 진심이 전해지기 마련이에요. 그리고 나의 작은 선행이 쌓이고 쌓여서 언젠가는 나에게 큰 선물로 돌아온답니다.

인과응보 (因: 인할 인, 果: 열매 과, 應: 응할 응, 報: 보답할 보)
좋은 행동에는 좋은 대가를, 나쁜 행동에는 나쁜 대가를 받는다는 뜻이에요. 이처럼 과거에 어떻게 행동했느냐에 따라 현재의 행복과 불행이 달라진다는 의미예요.

141

불선지가 필유여앙
不善之家 必有餘殃

나쁜 행동을 쌓은 집안에는 반드시 뒤에 재앙이 있다.

不	善	之	家	必	有	餘	殃
아니 불	착할 선	어조사 지	집 가	반드시 필	있을 유	남을 여	재앙 앙

다른 사람을 괴롭히거나 나쁜 행동을 일삼는 사람은 반드시 그에 합당한 벌을 받아요. 혹시 운 좋게 벌을 피하더라도, 그 화가 후손들에게 이어져 대대로 불행한 삶을 살기도 해요. 역사 속에서 예를 찾아볼까요? 일제 강점기 때 민족을 배신하고 일제에 빌붙은 친일파들은 역사 속에 선명히 기록되어 있어요. 당시에는 떵떵거리며 살았을지 몰라도, 자손들은 선조의 죗값을 치르느라 고개를 들지 못하고 있지요. 나쁜 행동은 누군가의 마음과 기억 속에 영원히 상처로 남아요. 그러니 나의 행동에 문제는 없는지 늘 살피고 주의를 기울이면 좋겠어요.

뿌린 대로 거둔다
콩을 심으면 콩이 나고 팥을 심으면 팥이 나듯이, 모든 일은 원인에 따라 그 결과가 나타나요. 사람도 자신이 한 행동에 따라 상과 벌을 받게 된답니다.

손인리기 종시자해
損人利己 終是自害

남에게 손해를 끼치고 자신의 이익을 챙기면 마침내 자신을 해치는 것이다.

損	人	利	己	終	是	自	害
손해 손	사람 인	이로울 리	몸 기	마칠 종	이 시	스스로 자	해칠 해

損人利己 終是自害

남에게 손해를 끼치고 자신의
이익을 챙기면 마침내 자신을
해치는 것이다.

다른 사람이 손해를 보든 말든 나만 이익을 얻으면 그만이라고 생각하는 이기적인 사람들이 있어요. 하지만 이는 잘못된 생각이에요. 언젠가는 그 행동이 부메랑이 되어 나에게 해로 돌아올 테니까요. 설사 그런 일이 일어나지 않더라도, 내 양심이 병드는 걸 내버려 두는 것이랍니다. '남을 해쳐도 별문제 없잖아? 나만 잘되면 되지.' 하는 나쁜 생각의 씨앗이 내 마음에 뿌려지는 거지요. 그 씨앗이 자라 내 양심을 시커멓게 만든다면 그처럼 불행한 일도 없을 거예요.

소경 제 닭 잡아먹기

눈먼 사람이 자기 닭을 잡아먹는다는 뜻이에요. 자신에게 이익이 될 줄 알고 한 일이 손해가 되는 경우를 말하지요.

화복무문 유인소소
禍福無門 惟人所召

 재앙과 복은 문이 없어 오직 사람이 불러들인 것이다.

禍	福	無	門	惟	人	所	召
재앙 화	복 복	없을 무	문 문	오직 유	사람 인	바 소	부를 소

禍	福	無	門	惟	人	所	召

| 재 | 앙 | 과 | | 복 | 은 | | 문 | 이 | | 없 | 어 | | 오 | 직 |
| 사 | 람 | 이 | | 불 | 러 | 들 | 인 | | 것 | 이 | 다 | . |

 세상에는 운명이 정해져 있다고 믿는 사람들이 있어요. 그런 사람들은 내가 아무리 노력해도 인생이 정해진 대로 흘러갈 거라고 믿고 어려운 일이 닥치면 쉽게 포기하지요. 하지만 우리가 일상에서 겪는 수많은 일들은 내가 어떻게 생각하고, 어떻게 말하고, 어떻게 행동하느냐에 따라 완전히 달라질 수 있어요. 국적·성별·가족처럼 바꿀 수 없는 것도 있지만, 내게 주어진 상황을 어떻게 받아들이고 행동할지는 스스로 결정할 수 있지요. 즉, 나에게 닥치는 재앙이나 복은 나의 행동에 따라 얼마든지 바뀔 수 있답니다. 자, 어떤 생각과 말과 행동이 복을 불러올지 함께 생각해 보아요.

 **자업자득** (自: 스스로 자, 業: 업 업, 自: 스스로 자, 得: 얻을 득)
모든 일은 자신이 저지른 행동의 결과라는 뜻이에요. 여기서 '업(業)'은 내가 한 선행과 악행을 모두 일컬어요.

독서광

숨은 사자소학 찾기
⑥ 서점

앞에서 읽은 사자소학 구절과 뜻을 떠올려 보세요. 그런 다음 서점을 찾은 사람들을 자세히 살펴보아요. 그림 속에 숨은 사자소학이 금방 보일 거예요!

1. 수신제가 치국지본(修身齊家 治國之本)
2. 독서근검 기가지본(讀書勤儉 起家之本)
3. 충신자상 온량공검(忠信慈祥 溫良恭儉)
4. 인지덕행 겸양위상(人之德行 謙讓爲上)
5. 막담타단 미시기장(莫談他短 靡恃己長)
6. 기소불욕 물시어인(己所不欲 勿施於人)
7. 적선지가 필유여경(積善之家 必有餘慶)
8. 불선지가 필유여앙(不善之家 必有餘殃)
9. 손인리기 종시자해(損人利己 終是自害)
10. 화복무문 유인소소(禍福無門 惟人所召)

➡ 정답은 155쪽에 있어요.

사자소학 퀴즈

1 사자소학의 구절과 그 뜻을 바르게 연결하세요.

1. 아신능현 예급부모
   我身能賢 譽及父母

2. 적선지가 필유여경
   積善之家 必有餘慶

3. 염인책자 기행무진
   厭人責者 其行無進

4. 숙흥야매 물나독서
   夙興夜寐 勿懶讀書

A. 일찍 일어나고 늦게 자면서 독서를 게을리 하지 말라.

B. 내 몸이 어질게 되면 그 명예가 부모에게 미친다.

C. 남이 꾸짖는 것을 싫어하는 사람은 행실에 진전이 없다.

D. 선행을 쌓은 집안에는 반드시 뒤에 경사가 있다.

2 보기 에서 알맞은 단어를 골라 사자소학의 뜻을 완성하세요.

보기: 말 이름 벗 뜻 생김새 스승 원수 마음 획 행동

① (　　　)는 비록 다르지만 본래 한 핏줄을 받았다. [형체수이 소수일혈 形體雖異 素受一血]

② 바른 사람과 (　　　)이 되면 나 또한 저절로 바르게 된다. [우기정인 아역자정 友其正人 我亦自正]

③ 처음 문자를 익힐 때 글자의 (　　　)을 바르게 써라. [시습문자 자획해정 始習文字 字劃楷正]

④ (　　　)을 믿을 수 없다면 정직한 친구가 아니다. [언이불신 비직지우 言而不信 非直之友]

3 보기 에서 알맞은 한자를 골라 사자소학의 구절을 완성하세요.

보기   文字   友愛   子女   讀書   言語   父母   書册   兄弟

① 형제화목 부모희지 (　　　)和睦 父母喜之
　형제가 화목하면 부모가 기뻐하신다.

② 음식신절 언어공손 飲食愼節 (　　　)恭遜
　먹고 마실 때 삼가고 절제하고 말을 공손히 하라.

③ 독서근검 기가지본 (　　　)勤儉 起家之本
　책을 읽으며 부지런하고 검소한 것이 집안을 일으키는 근본이다.

④ 부모호아 유이추진 (　　　)呼我 唯而趨進
　부모님이 부르시면 곧바로 대답하고 달려가라.

4 다음 구절을 읽고 그 뜻이 바른 것을 고르세요.

> 화복무문 유인소소 禍福無門 惟人所召
> 재앙과 복은 문이 없어 오직 사람이 불러들인 것이다.

① 재앙과 복은 나의 운명에 따라 결정되는 일이다.

② 나에게 닥치는 재앙이나 복은 내가 했던 행동의 결과이다.

③ 재앙과 복은 하늘이 오직 사람에게만 내리는 벌과 상이다.

④ 재앙과 복이 드나드는 문은 사람에게 보이지 않는다.

사자소학 토론

다음 구절을 읽고 질문에 대한 여러분의 생각을 적고, 친구들과 함께 토론해 보세요.

> 용모단정 의관정제 容貌端正 衣冠整齊
> 용모는 단정하게 하고 의관은 바르고 가지런하게 하라.

1 용모와 옷차림을 바르게 하면 어떤 이점이 있나요?

_____
_____
_____
_____

2 용모와 옷차림으로 상대방을 평가하는 것은 편견이자 차별 아닌가요?

_____
_____
_____
_____

> 근면공부 부모열지 勤勉工夫 父母悅之
> 공부에 부지런히 힘쓰면 부모님이 기뻐하신다.

3 단지 부모님을 기쁘게 해 드리려고 공부를 한다면 어떤 문제가 있을까요?

_____
_____
_____
_____

4 여러분도 잘 알다시피, 공부를 많이 한다고 해서 반드시 성공하는 것은 아니에요.
그런데 우리는 왜 공부를 하는 걸까요?

_____
_____
_____
_____

숨은 사자소학 찾기 정답

● 28-29쪽 ① 병원

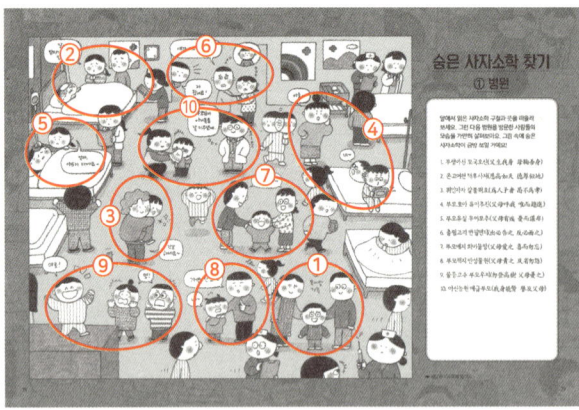

1. 부생아신 모국오신(父生我身 母鞠吾身)
2. 은고여천 덕후사지(恩高如天 德厚似地)
3. 위인자자 갈불위효(爲人子者 曷不爲孝)
4. 부모호아 유이추진(父母呼我 唯而趨進)
5. 부모유질 우이모추(父母有疾 憂而謀瘳)
6. 출필고지 반필면지(出必告之 反必面之)
7. 부모애지 희이물망(父母愛之 喜而勿忘)
8. 부모책지 반성물원(父母責之 反省勿怨)
9. 물등고수 부모우지(勿登高樹 父母憂之)
10. 아신능현 예급부모(我身能賢 譽及父母)

● 52-53쪽 ② 공원

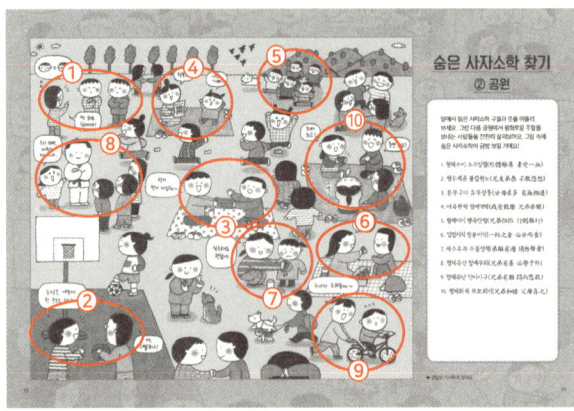

1. 형체수이 소수일혈(形體雖異 素受一血)
2. 형우제공 불감원노(兄友弟恭 不敢怨怒)
3. 분무구다 유무상통(分毋求多 有無相通)
4. 아유환락 형제역락(我有歡樂 兄弟亦樂)
5. 형제이이 행즉안행(兄弟怡怡 行則雁行)
6. 일립지식 필분이식(一粒之食 必分而食)
7. 제수유과 수물성책(弟雖有過 須勿聲責)
8. 형제유선 필예우외(兄弟有善 必譽于外)
9. 형제유난 민이사구(兄弟有難 悶而思救)
10. 형제화목 부모희지(兄弟和睦 父母喜之)

● 76-77쪽 ③ 학교

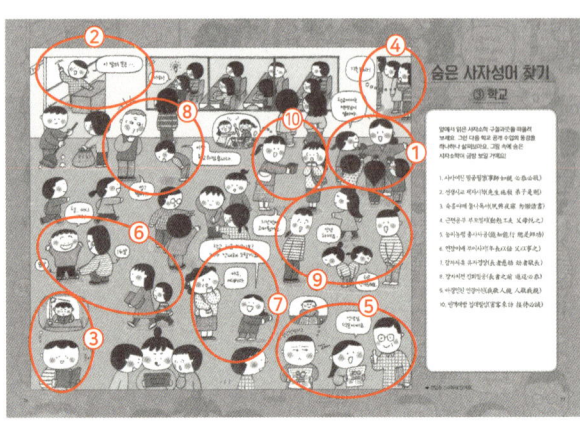

1. 사사여친 필공필경(事師如親 必恭必敬)
2. 선생시교 제자시칙(先生施教 弟子是則)
3. 숙흥야매 물나독서(夙興夜寐 勿懶讀書)
4. 근면공부 부모열지(勤勉工夫 父母悅之)
5. 능지능행 총시사공(能知能行 總是師功)
6. 연장이배 부이사지(年長以倍 父以事之)
7. 장자자유 유자경장(長者慈幼 幼者敬長)
8. 장자지전 진퇴필공(長者之前 進退必恭)
9. 아경인친 인경아친(我敬人親 人敬我親)
10. 빈객래방 접대필성(賓客來訪 接待必誠)

● 100-101쪽 ④ 학교 강당

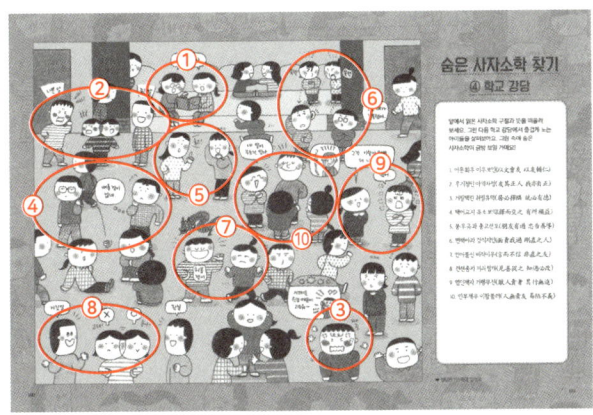

1. 이문회우 이우보인(以文會友 以友輔仁)
2. 우기정인 아역자정(友其正人 我亦自正)
3. 거필택린 취필유덕(居必擇隣 就必有德)
4. 택이교지 유소보익(擇而交之 有所補益)
5. 붕우유과 충고선도(朋友有過 忠告善導)
6. 면책아과 강직지인(面責我過 剛直之人)
7. 언이불신 비직이우(言而不信 非直之友)
8. 견선종지 지과필개(見善從之 知過必改)
9. 염인책자 기행무진(厭人責者 其行無進)
10. 인무책우 이함불의(人無責友 易陷不義)

● 124-125쪽 ⑤ 졸업식

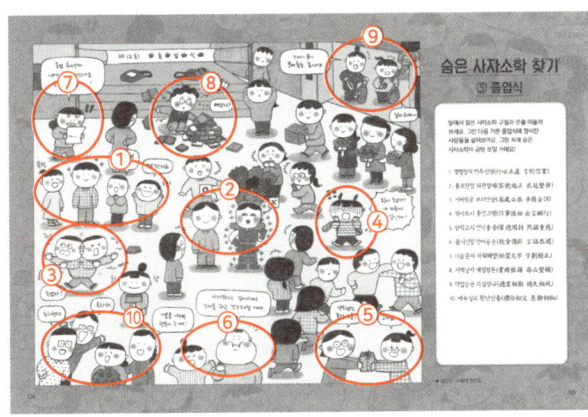

1. 행필정직 언즉신실(行必正直 言則信實)
2. 용모단정 의관정제(容貌端正 衣冠整齊)
3. 거처필공 보리안상(居處必恭 步履安詳)
4. 작사모시 출언고행(作事謀始 出言顧行)
5. 상덕고지 연낙중응(常德固持 然諾重應)
6. 음식신절 언어공손(飮食愼節 言語恭遜)
7. 시습문자 자획해정(始習文字 字劃楷正)
8. 서책낭자 매필정돈(書冊狼藉 每必整頓)
9. 덕업상권 과실상규(德業相勸 過失相規)
10. 예속상교 환난상휼(禮俗相交 患難相恤)

● 148-149쪽 ⑥ 서점

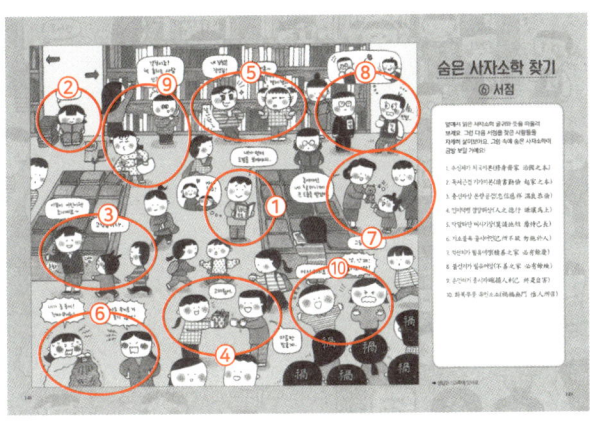

1. 수신제가 치국지본(修身齊家 治國之本)
2. 독서근검 기가지본(讀書勤儉 起家之本)
3. 충신자상 온량공검(忠信慈祥 溫良恭儉)
4. 인지덕행 겸양위상(人之德行 謙讓爲上)
5. 막담타단 미시기장(莫談他短 靡恃己長)
6. 기소불욕 물시어인(己所不欲 勿施於人)
7. 적선지가 필유여경(積善之家 必有餘慶)
8. 불선지가 필유여앙(不善之家 必有餘殃)
9. 손인리기 종시자해(損人利己 終是自害)
10. 화복무문 유인소소(禍福無門 惟人所召)

155

참고 도서
《소학》, 윤호창 역, 홍익출판사, 2021

국어가 잡히는 초등 어휘 ❷
날마다 사자소학

1판 1쇄 발행 2023년 4월 20일

글 임성훈 | 그림 뜬금

펴낸곳 머핀북 | **펴낸이** 송미경
출판등록 제2022-000122호 | **주소** (우)04167 서울시 마포구 큰우물로76 403호
전화 070-7788-8810 | **팩스** 0504-223-4733 | **전자우편** muffinbook@naver.com
블로그 blog.naver.com/muffinbook | **인스타그램** muffinbook2022

ⓒ 임성훈, 뜬금 2023

ISBN 979-11-981499-3-0 74700
ISBN 979-11-981499-0-9 (세트)

책값은 뒤표지에 있습니다.
잘못된 책은 구입하신 서점에서 바꾸어 드립니다.
이 책은 저작권법에 따라 보호받는 저작물이므로 무단 전재와 복제를 금합니다.
이 책의 내용을 이용하려면 반드시 저작권자와 머핀북의 동의를 받아야 합니다.

어린이제품 안전특별법에 의한 기타표시사항
제품명 도서 | 제조자명 머핀북 | 제조국명 한국 | 사용연령 8세 이상
KC마크는 이 제품이 공통안전기준에 적합하였음을 의미합니다.